コロナに奪われた葬儀

社会の常識を疑い孤軍奮闘した
葬儀マンの700日

荻島祐輝
OGISHIMA YUKI

幻冬舎 MC

コロナに奪われた葬儀

社会の常識を疑い孤軍奮闘した葬儀マンの700日

はじめに

愛する家族が亡くなったら、最期のお別れをしてその死を悼む――そんな当たり前のことができなくなった時期がありました。

新型コロナウイルス感染症は、多くの人の命だけでなく、葬儀の機会までも奪ったのです。

コロナ禍当初、多くの人々が経験のない事態への対応を迷い、不確かな情報に戸惑うなか、一つの象徴的な出来事が起こりました。2020年3月、タレントの志村けんさんがコロナ感染による肺炎で亡くなったのです。そして、その後の火葬までの過程は長年葬儀業に携わってきた私も聞いたことがないような、いわば異様なものでした。

家族は遺体と対面できず、遺体は病院から火葬場に直行しました。さらに火葬場では、防護服を着た職員だけが立ち会い、遺骨を兄の知之さんが受け取ったのは自宅横の駐車場です。

長年にわたり親しまれてきた有名人ですから、本来であれば多くの人に囲まれて最期のお別れが行われたはずなのに、本当に必要最低限の「処理」が行われただけという印象でした。言いようのない寂しさと同時に、当時まだ不明確なことの多かったコロナへの恐怖がいっそう駆り立てられたのは、私だけではなかったはずです。そしてこれを一つの転機として、コロナ感染者の遺体は火葬場に直行するというのが当然の処置として行われるようになりました。

当時、葬儀会社の副社長を務めていた私は、自社を含むほとんどの葬儀会社が〝右へ倣え〟でコロナ感染者の葬儀を執り行わない方針を打ち出すなか、こんなときだからこそ遺族のためにできることを考えるべきだと使命感に燃えていました。遺体感染管理士という死後ケアの専門家としての知識をもっていましたから、正しい知識に基づいて対策を講じたうえであれば、安全な葬儀を行うことはできると考えていました。たとえ会社としてすべての依頼を受け付けることは難しいとしても、私が直接手掛ける範囲だけでも、最期のお別れができずに悲しんでいる遺族のためになんとか従来のような葬儀ができないかと可能性を探りました。しかし社内では、私以外の全員がそんな私の姿勢に否定的で、賛同してくれる人は一人もいませんでした。

可能性がいっさいないのなら別ですが、専門的な知識のもと可能性を探ることさえ放棄しては、葬儀業に生きてきた人間として悲しむ遺族の皆さんに顔向けができない――そう考えた私は、葬儀を挙げたいのにできずにいる「葬儀難民」を救いたいという想いで辞任を決意し、２０２１年1月に独立しました。

独立した初月からコロナ感染者の葬儀の依頼が10件あり、そのすべてに対応しました。以降、数多くの遺族の想いと向き合ってきました。なかには私の会社がコロナ感染者の葬儀を受け付けていることを知り、遺族が自家用車を2時間走らせてきたこともありました。コロナ感染によって亡くなった方の葬儀を、家族全員が濃厚接触者になったなか自宅で行ったこともあります。一件一件、遺体感染管理士としての専門知識に基づいて丁寧に対応した結果、二次感染者を出すことなく無事に執り行うことができました。

新型コロナが2類から5類になった今では、葬儀も元の形を取り戻していますが、それで良かったと済ませてはいけません。葬儀は、故人をしのぶ大切な儀式であり、家族や友人が集い、故人の魂を送り出す場です。コロナ禍において、満足のいく葬儀を提供できなかった経験をしたからこそ、葬儀業に関わる人たちは改めて葬儀の意義について考える必要があると感じています。

この本では、私がコロナ禍で葬儀を執り行ってきた経緯に加え、その取り組みを通して私が考え続けた葬儀の本質や意義を明らかにします。本書がきっかけとなり、葬儀のあるべき姿を考える人が少しでも増えるのなら、著者として望外の喜びです。

目次

はじめに　2

第1章　奪われた葬儀

コロナが葬儀業界に与えたインパクト

日本の葬儀の規模縮小をコロナ禍が加速させた　12
志村けんさんのコロナ感染死がもたらした衝撃　17
葬儀業者の感染症に対する知識の低さ　20
コロナ感染死した人の葬儀は受けない……一斉に「右へ倣え」した全国の葬儀業者　24
コロナ感染死した男性の遺骨の扱いは志村さんと同じ、しかも自分が扱うとは　26
遺族にまったく選択権がなくて本当にいいのか？　芽生えた疑問　28

第2章　最期のお別れだけはさせてあげたい――
「コロナ感染者の葬儀」を実現させるため社内で孤軍奮闘

独自にコロナ禍での葬儀の可能性を探り始める　34
コロナ禍で実現した参列者３００人の葬儀　38
コロナ葬儀の依頼が殺到　43
得られなかった社内の理解　46
コロナを手抜きの言い訳にし始めた　51
コロナ葬儀のほうがむしろ安全　53
日本人の頭の中は潔癖過ぎる　55
葬儀後に感染者を出さないことが第一　57
感染対策は一人ひとりに語りかけなければ伝わらない　61

第3章　増える一方のコロナ感染死と葬儀のニーズ

遺族の願いである最期のお別れを叶えるため、独立を決意

独立を決意　68
共感してくれる仲間とやっていこう　71
コロナ禍で仕事を失った司会業の女性と運命をともに　74
超一流ホテル仕込みのホスピタリティ　76
葬儀ポータルサイトが集客支援　79
初月から10件の依頼　83
コロナ葬儀にも波がある　85
自宅でコロナ感染死&家族全員濃厚接触者の自宅葬　88
素手で遺体を触ったことに驚き、「人間らしい扱い」と泣いた遺族　92
保育園から再び依頼を受ける　94
松戸から霊柩車で日野へ　96

第4章 人は誰でも人間らしい葬儀を受ける権利がある

コロナ禍で浮き彫りになった業界の課題と葬儀のあるべき姿

葬儀業者には資格がいらない 102
お客さまがやりたいように、が会社の理念 104
顧客が恥をかかないようにすることも大事 107
AI時代だからこそ適切にアドバイスできる葬儀業者が必要 109
今の葬儀業者に足りないのは「自分の家族だったら?」という視点 112
式場や火葬場の受け入れ拒否という理不尽 115
同業者から寄せられた批判 118
やがて葬儀はなくなる? 120
誰にでも葬儀を挙げる権利がある 122
グリーフケアの本当の意味 125
葬儀のもつ本当の価値 132

第5章　葬儀は社会を映し出す鏡

「葬儀のニューノーマル」へ、挑戦は続く
「お客さまは何がしたいのか？」から始まるサービス　140
1時間でも弔う時間を大切にしてほしい　144
葬儀業は究極の非日常体験を売る、とても価値のある仕事である　148
幸福度を上げるもの　150
葬儀でコミュニティを再確認する　153
葬儀は誰のためのもの？　155
未来のために今、社会に訴えたいこと　158

おわりに　163

第1章

奪われた葬儀

コロナが葬儀業界に与えたインパクト

日本の葬儀の規模縮小をコロナ禍が加速させた

日本で営まれる葬儀は、近年規模の縮小が続いています。大人数が参列する盛大な葬儀や告別式は次第に減ってきており、親しい友人や身内だけのごく限られた人数による小さな葬式や家族葬へのシフトが、2020年以降のコロナ禍によってさらに加速しているのです。

終活関連のポータルサイト運営や葬儀業界向けの出版事業を担う鎌倉新書が、喪主を対象に実施した葬儀についてのアンケートによると、2020年調査では40・9％を占めた「一般葬」が、コロナ禍中の2022年は25・9％まで減少しています。一方で、家族や親族、一部の親しい友人のみが参列する「家族葬」は55・7％で最多になっています。通夜を省略して儀式を1日で済ます「一日葬」は6・9％、火葬場でのお別れのみをする「直葬・火葬式」は11・4％と、20年調査から倍以上に増えています。さらに、葬儀の平均費用は110・7万円で、2020年調査と比べて73・6万円も減少しています。

実施した葬儀の種類

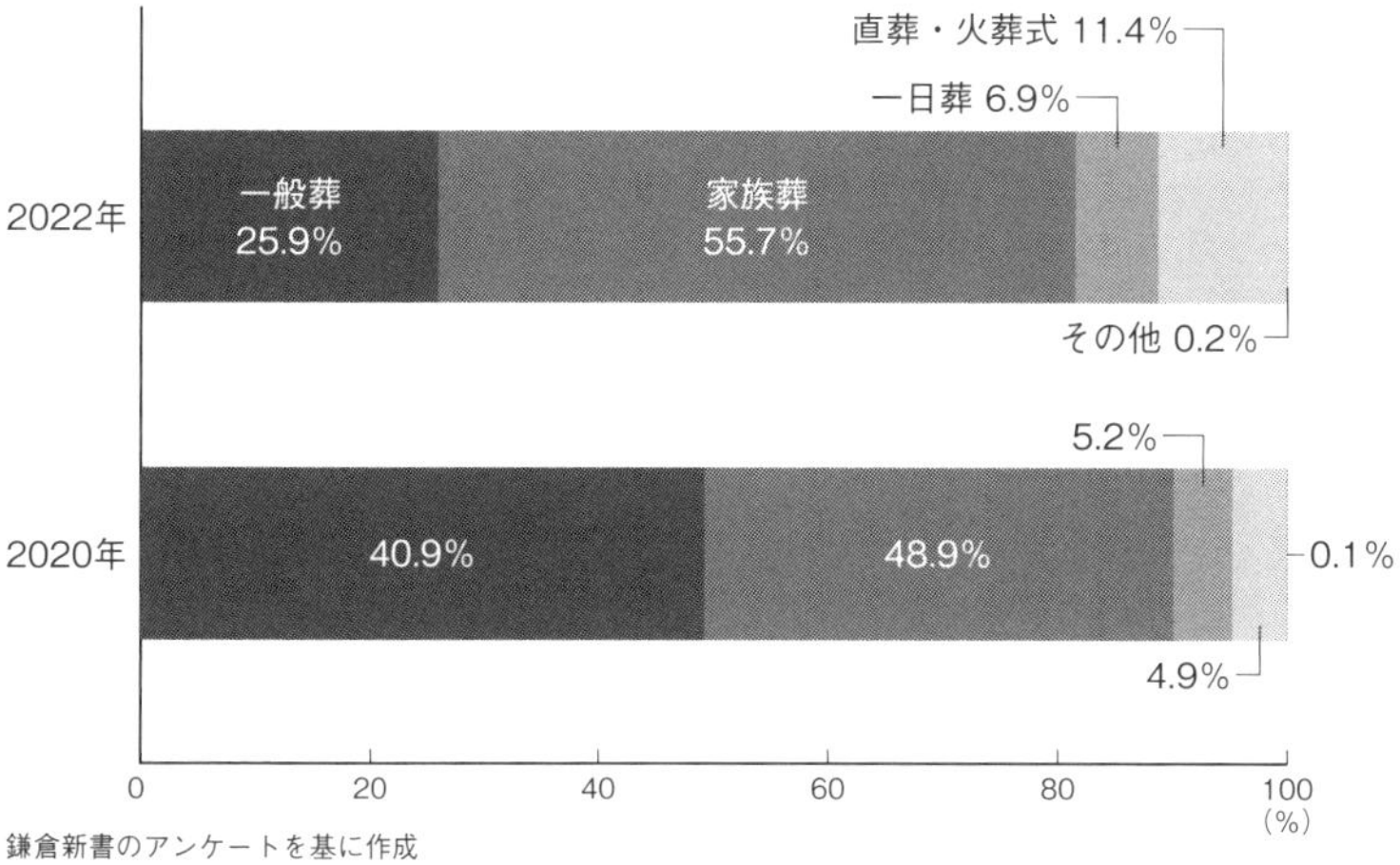

鎌倉新書のアンケートを基に作成

葬儀の参列者数と平均費用

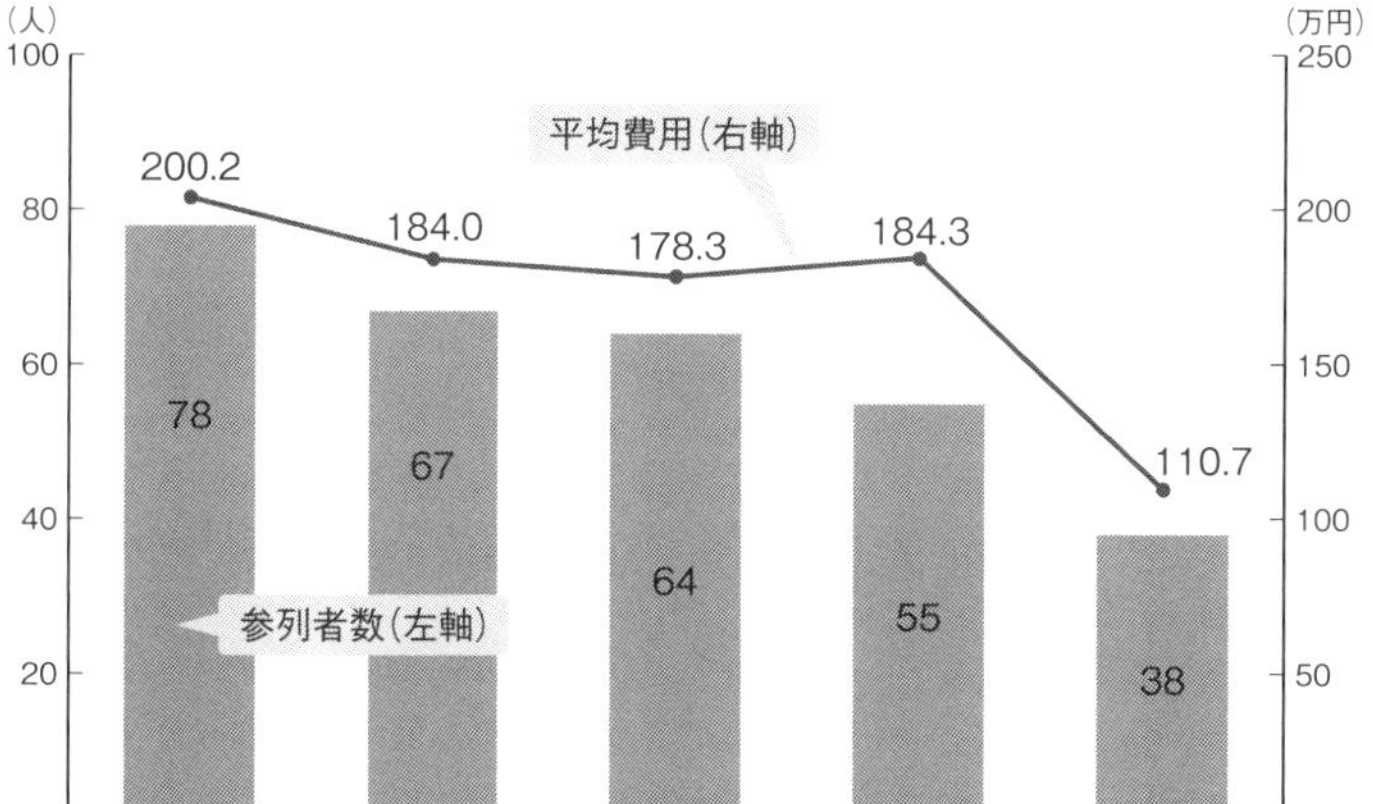

鎌倉新書のアンケートを基に作成

関係者が一堂に会する葬儀は、密閉・密集・密接というい わゆる「三密」になりやすい状態です。そうなることをできるだけ避けるために小規模な葬儀が増加した結果、コロナ感染が2類から5類へと引き下げられた現在に至るまで、小規模化の流れが続いているのです。

東京に限っていえば、もともと進んでいた規模縮小がコロナ禍によって一気に5、6年分くらい前倒しになった、というのが葬儀業界に身をおく私の実感です。このままいけば葬儀の規模はどんどん縮小されて、葬儀をしなくなる人の比率も多くなっていくとさえ思われます。

コロナ禍以前までは家族が亡くなれば親戚に声を掛けて葬儀に呼ぶのが普通でしたし、たとえ普段はほとんど関わりのなかった人の葬儀であっても呼ばれたら必ず行かなければならないという義務感がありました。しかしコロナ禍によって、もはや参列しなくてもいい、という意識が浸透してしまったのです。

こうした現状を見ると、いつかまた葬儀業界がコロナ禍の前の状態に戻るということはあまり期待できません。この先、葬儀はさらに小規模化し、葬儀単価もさらに下落し、直葬や火葬だけの比率が増えていくのは間違いないと考えられます。

このような時代の急激な変化に、葬儀業界に身をおく人のほとんどは対応することができなかったのだと私は思います。極端にいえば、100年も前と同じような葬儀をそのまま続けていたのです。

かつてはムラ社会的な構造が根づいた地域も多く、そこから排除されたら生きていけないので、個人的なことでもコミュニティとしての連帯が優先されました。お金があろうがなかろうがそのコミュニティに合った葬儀をきちんと執り行い、地域の一員として「私も、皆さまが行ってきたように家族を弔い、務めを果たしました。今後ともよろしくお願いします」という協力の姿勢を示すことが、葬儀を営む意義の一つでした。そうすることで、例えば幼い子どもを遺して親が亡くなってしまった家などを、地域のコミュニティの皆が意識を共有して支えてくれるといったことにつながっていたのです。

しかし、現在は地域の結びつきが弱まり、かつてのような地域コミュニティの機能は必ずしも重視されなくなっています。そのため、従来行われてきた、いわばコミュニティの一員として役割を果たすという葬儀の意義が失われていくのは当然だといえます。葬儀業界は、こうした時代の変化に合わせて変化しなければならないことの重要性に、これまで気づくことができなかったのではないかと思います。

一方で、葬儀そのものがなくなることは決してないと私は考えています。故人を弔うことで身近な人たちと悲しみを共有し、そして故人との縁で結びついた人と顔を合わせ支え合うことの大切さを認識し合う――そんな葬儀の役割が不要となる日が来るとは、とうてい思えません。

遺族にとって葬儀を体験すること、葬儀を営むことは、大切な人を亡くしたあとに自身が生きていくための心の支えにつながるものです。自分は確かにこの世に生きて存在している、しかしどんな人もいつか必ず亡くなるのだという事実をかみしめることは、日常ではなかなか経験できません。頭では当然のことだと分かっているつもりでも、実感する機会はあまりないものです。

葬儀とは決して形だけの儀式なのではなく、亡くなった方が最後に与えてくれる、人の死に接する貴重な機会なのだと思います。その意味でも、感染症の流行で葬儀を行えなくなったというのは本当に嘆かわしいことでした。

志村けんさんのコロナ感染死がもたらした衝撃

新型コロナウイルス感染症は、2019年12月に中国の武漢で原因不明の肺炎として確認されたのが始まりとされています。感染は瞬く間に世界に拡大し厚生労働省が注意喚起をしたのが翌2020年の1月6日でした。1月15日には国内で初めて感染者が確認され、1月31日には指定感染症として定められています。

ただ、ほかの多くの人がそうであったように、私も武漢のニュースやその後の横浜港に入港したクルーズ船内の集団感染を最初に聞いたときは、まったくの他人事でした。3月に入っても最初の頃はあまり深刻な空気ではなく、マスク不足、各種イベントの中止、小中学校の一斉休校など、社会的な騒動という感じでした。

葬儀業界内でもコロナ感染者にどう対応するかという実務的な話より、感染が増えたら仕事が滞る、自分たちは外に出て人と接触しなければならないから感染リスクが高い、もし感染したら休業するほかないなど、生活の不安に関する話題がもっぱらで、まだまだ現実感がなかったのです。

そこへ頭から水を浴びせたような気分にしたのが、志村けんさんのコロナ感染のニュースと、それに続く訃報でした。

志村さんは3月29日、新型コロナウイルス感染による肺炎のため70歳で亡くなりました。同年9月18日掲載の産経新聞の記事によると、志村さんは3月15日から体調が思わしくなく、自宅療養を続け、20日に東京都済生会中央病院に入院。病状が悪化したため24日には国立国際医療研究センターに転院し、人工心肺装置（ＥＣＭＯ）を装着するなど医療従事者による懸命の治療が行われるも、29日午後11時過ぎに亡くなりました。30日朝、兄の知之さんが葬儀業者と寺に連絡してから病院へ向かうと遺体はすでに棺に納められ、霊安室に安置されていましたが、対面は許されませんでした。また火葬場に行くことも許されず、地下駐車場から火葬場に出発する霊柩車を合掌して見送るしかできなかったということです。

その後、知之さんが自宅横の駐車場で葬儀業者の人間から遺骨を受け取ったという話がニュースでも報道されました。映像を見た私は、とんでもないことになったと思い、深い衝撃を受けました。遺族が火葬に立ち会えなかっただけでなく、志村さんの遺体が病院の霊安室で納棺されたというのです。

一般的にはあまり知られていませんが、入院患者や家族への配慮から、病院に棺を運び入れることは通常はしません。患者が亡くなった直後であることも多いので、嘆き悲しむ遺族の心情に十分配慮する必要があるからです。シーツに包んだうえでストレッチャーに乗せて運び出して自宅や斎場に安置し、しかるべきタイミングで納棺するというのが通常の手順です。

ところが、志村さんの遺体は葬儀業者が病院に棺を持って行き、病院内で棺に収めて運び出しました。私の経験上、見たことも聞いたこともない、多くの葬儀関係者から見て異常な対応が行われたのです。

棺を病院の霊安室に持ち込んだ理由はおそらく感染防止のためと推察します。当時は何が原因で感染するか分からない状態で、すべての面で慎重にならざるを得ない状況でした。

そのため、遺体を収容する納体袋だけでは怖いという発想から、さらに密封を強化する意味で棺が病院に持ち込まれたと思われます。

葬儀業者の感染症に対する知識の低さ

志村さんのコロナ感染死以降、葬儀業者をとりまく事情、特に遺体からの感染に対する意識はまさに一変しました。

そもそもコロナ禍になる前、一般的な葬儀業者には感染対策の意識があまりありませんでした。病院も遺体を葬儀業者に引き渡すときは、通常詳しい死因や感染症の有無を伝えません。私たちがスーツ姿でストレッチャーを持って病院に行くと、廊下の向こうからゴーグルを着けて防護服を着た人が出てきて、そこで初めて結核に感染して亡くなった人の遺体であることを知って慌てることもあったのです。

このように、医療従事者は守秘義務や個人のプライバシーの尊厳といった理由から、葬儀業者に感染症の事実を明確に伝えないことが一般的でした。また、遺族側にも葬儀業者に依頼の連絡をするときに感染症の有無をわざわざ伝えようという意識は普通ありません。業者側としても、故人について詳しく尋ねることは憚《はばか》られるものです。

獨協医科大学越谷病院（現・獨協医科大学埼玉医療センター）の研究によれば、死亡者の約65％はなんらかの感染症に感染していることが分かっています。肺がんや胃がん、白血病の治療で入院して亡くなった人でも、直接的には細菌性の感染症で風邪をこじらせ肺炎になって亡くなるのはよくある話です。抵抗力が弱くなっていたところに、感染症でとどめを刺されたような格好です。

しかし、死亡診断書に感染症とは書かれません。肺がんや胃がん、白血病となるわけです。つまり、遺体にはなんらかの感染症があると思って接したほうがいいということです。私は民間資格である遺体感染管理士2種をもっているのですが、資格取得の際に講座でまず言われたのはそのことでした。医療従事者はもちろん意識していますし、遺体感染管理士の指導要綱にも記載があります。

しかし、一般的な葬儀業者の多くはそのようなことを知らず、病院側が教えてくれないままで、無警戒に遺体を扱っています。個人情報保護や守秘義務といった事情もありますが、仮に教えたところで正しい知識がなければ過度に怖がったり忌避したりして受け渡しに支障が出るかもしれない、だからあえて教えないようにしてきたという言い分もあるように私は思います。

また、古い葬儀業者のスタッフほど、遺体を家族だと思って扱えと指導されていることも理由の一つです。家族の前で手袋を着けて搬送するなどもってのほか、そんな業者が信用されるわけがないとされ、コロナ前はマスクをすることも許されませんでした。私は花粉症なので春先はいつもマスクをしているのですが、若いときは霊安室に入る前にマスクを取れと先輩に言われ困ったこともあります。

マスクをしない、手袋をしないのが身だしなみの一環で、ネクタイをしっかり締めるのと同じだと教わりました。これらの理由が絡み合って感染症に対する無知、無自覚という状況を生み出したのだと思います。

私のような遺体感染管理士の視点から見ると、そもそも葬儀業者は感染対策を徹底するのが非常に難しい業種です。例えばゴム手袋の着用について考えると、感染症対策としてはどんな業種であれ、基本的に着ける場所と着けない場所を明確に分けなければなりません。手術室の医師や厨房の調理人がゴム手袋を着けたまま外出し、買い物やトイレに行って戻ってきたりしていたのでは、手袋の意味がありません。そのため、着ける場所、外す場所、捨てる場所が明確に定められ、それを確実に守ることが重要です。

しかし、葬儀業者の場合、遺体に触れるあらゆる場所でそういった明確な着脱・処分を厳密に実行することは難しいのです。場所、状況によって対応もかけられる時間も異なりますし、搬送作業ではゴム手袋は破れやすく、破れたらそれをスーツのポケットに突っ込んで素手で作業を続けるしかないという場合はいくらでもあります。

搬送中に車のドアなどを開閉するのに、手指の消毒を万全に行うのも困難です。そうした現場の状況があるため、遺体感染管理士の団体がいくら手袋着用の必要性を訴え推奨しても、なかなか浸透してきませんでした。

このような「葬儀業者は素手で遺体を扱って一人前」のような風潮だったのが、コロナ禍を境に一転しました。手袋着用はもちろん防護服も着るという、感染対策過剰ともいえる状態に変わってしまったのです。本当に極端な変化でした。それもすべて葬儀業界が感染対策にこれまで無知過ぎたからこそ起きた出来事だと私は思います。

コロナ感染死した人の葬儀は受けない……
一斉に「右へ倣え」した全国の葬儀業者

志村さんが亡くなったのちにコロナ感染死を巡る異常事態が葬儀業界で認識され、まず取りざたされたのは、コロナ感染死した人の葬儀をするかしないかの線引きでした。うちはやる、うちはやらない、おたくはやるのか、そんなやりとりが葬儀業者同士で交わされました。当初、私の周りの葬儀業者のほとんどは、基本的にはコロナ感染者の葬儀は受けないという方針が大勢で、まるで一斉に右へ倣えをしたような状態でした。

鎌倉新書が、この時期に全国92の提携葬儀業者に対し実施したアンケートの結果、新型コロナウイルス感染が疑われる故人の葬儀の受け入れについて「対応している」という方針を打ち出していたのは34・8％でした。「会員や自社集客案件など一部条件において対応」が19・6％、さらに「現在は対応していないが受け入れに向けて準備中」が16・3％と7割以上が対応可能、または受け入れを検討している状況であることが分かりました。7割以上というと多く見えますが、うち2割弱は対象を限定したものですし、これも実

感染が疑われる故人の葬儀の受け入れ

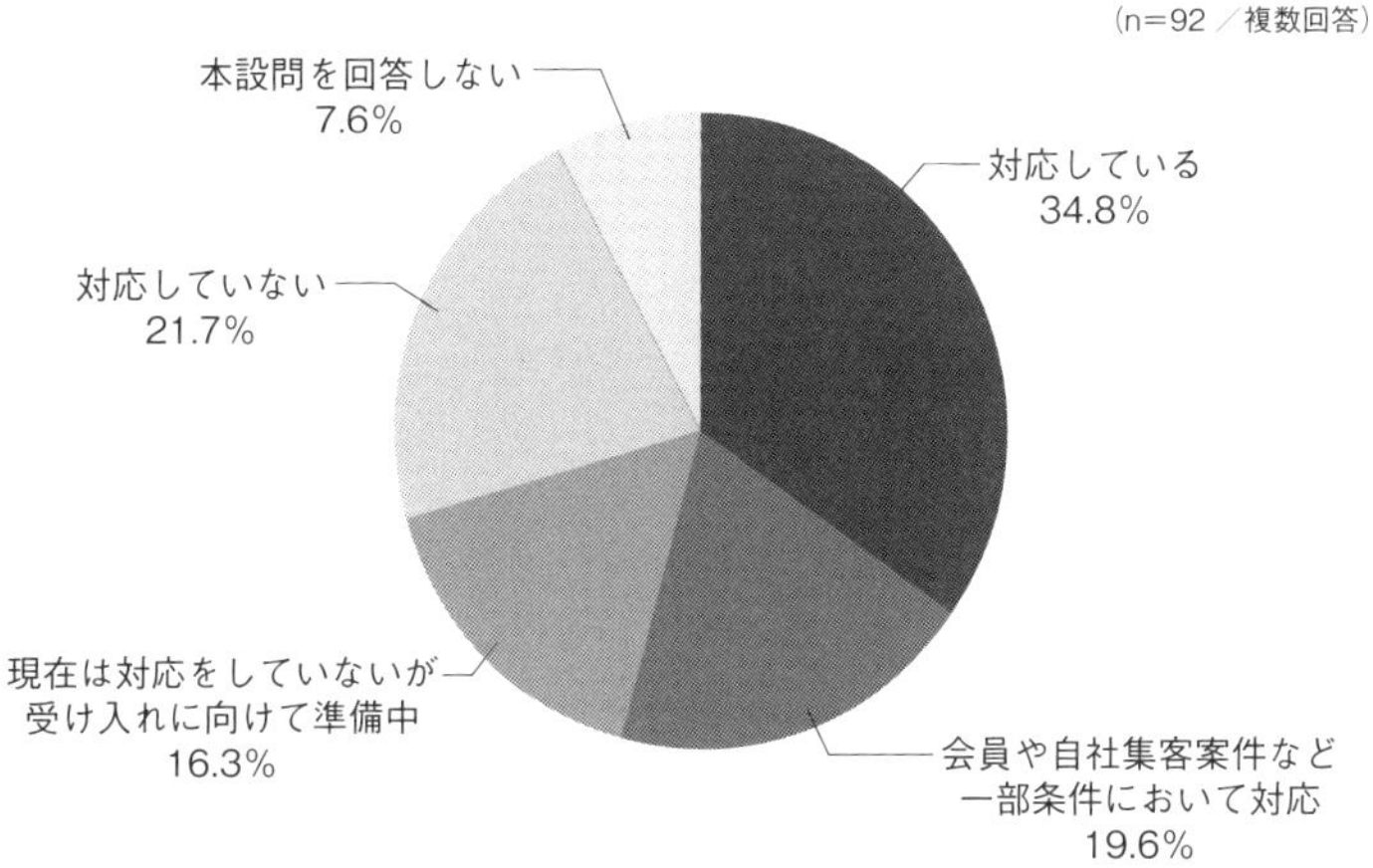

鎌倉新書のアンケートを基に作成

態としては案件自体を下請けに振って対応していることが多かったと思います。つまり、対応する意思があるといっても恣意的なもので、遺族の立場に立ったものではありません。無条件で対応しているのは3社に1社程度で、残りの3分の2は飛び込みで電話しても受け付けてはもらえないという状況です。この結果からも、いかに全国の葬儀業者がコロナ対応に及び腰だったかが分かります。

コロナ感染死した男性の遺骨の扱いは志村さんと同じ、しかも自分が扱うとは

私が遺体感染管理士であることもあって、当時所属していた葬儀業者では早々にコロナ感染死の人の葬儀を受け入れることを決めました。そこでまず、現実的に最初の依頼が来たときにどう動くのかというシミュレーションを行い、業務の一つひとつについてどう対応すべきかのフローを作成していきました。

遺体の搬送業者からは、コロナ感染者は搬送しないというファクスがたくさん届いていました。ではコロナ感染者搬送OKの業者はどこか、場所はどこでどの火葬場が受け入れ可能か、可能だとしても時間帯は決まっているのか、葬儀場はどうかといった具合に必要な情報を収集していきました。

保健所などが一括して情報を取りまとめてくれるわけではなかったので、私たちが情報を把握するのにはかなりの時間がかかりました。4月から5月半ばまではコロナ感染死した人の葬儀の依頼が来ず、こうした準備に時間をかけることができたのは不幸中の幸いで

す。その間にある程度の情報収集とコロナ感染者が来たらどう対応するのかという社内でのコンセンサスを形成することができたからです。

私が初めてコロナ感染者の対応をしたのは2020年5月20日、東京・稲城市の市立病院に入院していた80代の男性でした。入院中にコロナに感染して亡くなった、いわゆる院内感染者です。

社内でのコンセンサスは取れていたはずですが、実際にコロナ感染者の入電があって、病院に遺体を受け取りに行って、自社の霊安室に安置して……と業務を進めている間に、周りの社員たちが明らかに平常心を保てずにいることが雰囲気で分かりました。取り決めはしていたものの、実際に自分の会社が関わることになるという事態を、多くの社員が本当の意味では想像できていなかったのです。

ここに至って、やはり受け入れはやめてほしいとはっきり言う人も出たほどです。この時点ではまだ厚生労働省のガイドラインが出ていなかったこともあり、反対の意思というよりは戸惑いが大きく不安で、どうすればいいのか分からないというのが正直なところではなかったかと思います。

厚生労働省がようやく遺体の取り扱いや葬儀に関するガイドラインを出したのは7月29日です。5月29日に全日本葬祭業協同組合連合会（全葬連）が新型コロナウイルス感染拡大防止のための通常の葬儀施行についてまとめた文書を出してはいたのですが、これはほとんど参考になりませんでした。２００９年に交付された新型インフルエンザ・鳥インフルエンザのガイドラインを目安にやってくれというだけのもので、具体的な指針も判断基準も示されていなかったのです。

そのため私が当時勤めていた葬儀業者で最初の事例となった5月20日の案件は、結果的に志村さんと同じ対応になってしまいました。家族は病院に入ることが許されなかったので死に目には会えていません。病院には私一人で行き、私が遺体を引き取り、火葬場にも一人で行きました。そして、遺骨だけを自宅に届けたのです。

遺族にまったく選択権がなくて本当にいいのか？　芽生えた疑問

遺骨を届けるため遺族の自宅を訪れたときに、私は本当に危機感を覚えました。私の仕事は故人と遺族のために葬儀を執り行うことであるはずなのに、ただ手続きをして運ぶだけのことしかしていません。これが通るのなら葬儀業者に存在価値はあるのか——遺骨を届けたとき、遺族の様子を見て痛烈にそう感じました。

今になって考えると、このときになるまでそこに疑問をもたなかった自分自身が情けなくなります。遺体を会社の霊安室に安置して、火葬場の手続きをして、翌日の何時頃火葬をするので何時に遺骨を届けますと遺族に伝えたときには、遺族はとても素直に聞き入れていて、私はそこに何の違和感も抱かなかったのです。感染者を受け入れ、準備したとおりに感染対策をしっかりして、つつがなく手続きを済ませることに意識が集中していたのだと思います。

しかし、自宅に遺骨を届けて線香を上げていたとき、私の背後で遺族の一人がこぼしたつぶやきに、私は激しく打ちのめされました。

「なんでこんなことになっちゃったのだろう。本当は親戚を呼んで葬儀をしたかったけれど、コロナだからしょうがない」

ショックのあまり呆然としてしまいました。何も言わず私たちの言うとおりに聞き入れてくれていた遺族の本心を、初めて聞かされたのです。親戚を呼んで葬儀をしたかった、それが遺族の本音でした。

当たり前といえばあまりにも当たり前のことですが、私たちにはほかの会社がやっていない、そして遺族が参加することさえもできない、コロナ感染者の火葬までのお世話というリスキーな仕事を、自分たちは必死でやっているのだという気持ちがあったと思います。そんな気持ちで奔走していたから、遺族の本音に気づくことができませんでした。

もし、火葬をする前に遺族の気持ちを聞いていれば、あるいは何かやりようがあったかもしれません。しかしそれをしなかった、やれるだけのことをしているつもりで、結果的に遺族の希望に沿えなかったのではないかという後悔が私を襲いました。これはまずい、ダメな仕事だったのだと自分を責めました。希望に沿うどころか、そもそも遺族にはまったく選択権がなかったのです。

いっそのこと、遺族から「なんでこんな扱いをされなきゃいけないの？」と責められたほうが気持ちの面ではむしろ楽でした。しかし、そのように私たちを責める発想自体が、このときの遺族にはなかったのです。つまり、コロナで亡くなったら遺骨が届くまで家で待っていなければいけない、という諦めの気持ちです。葬儀をしてあげられないことに不満を募らせる余地すらないという息苦しい雰囲気が、当時の日本社会全体を覆っていました。

私は2011年3月の東日本大震災で遺体処理を任された葬儀業者の話を思い出しました。あのときも選択肢がありませんでした。あれだけの人数が一気に亡くなり街も崩壊しているなか、放置していては遺体の腐敗が進んでしまうので、遺体の尊厳を守るためにもできるだけ空気に触れさせないように、ショベルカーで穴を掘って仮埋葬をするしかなかったのです。

ただ、コロナ禍のときはそこまでの状況ではありませんでした。火葬場がパンクするほどの数の人が一度に亡くなっているわけではないし、しっかりと感染対策をすれば普通に葬儀も営むことができたはずなのです。しかし、コロナ感染死という理由だけで弔うことができないという空気が醸成され、社会の風潮となっていて、私もこの段階ではそうした風潮に流されてしまっていたのです。

未知のウイルス、未経験の事態に対する不安や戸惑いが大きかったのは間違いないとしても、誰のための葬儀なのか、遺族に何の選択権もない状況を受け入れてしまってよかったのか、何の疑問も抱かずにいた自分に対して、次第に違和感と憤りを覚えるようになりました。そしてこんなときにこそ、遺族のためにできることを考えるべきだという使命感が芽生えてきたのです。

第2章

最期のお別れだけはさせてあげたい——

「コロナ感染者の葬儀」を実現させるため社内で孤軍奮闘

独自にコロナ禍での葬儀の可能性を探り始める

初めてのコロナ感染死対応からの約1カ月は、私にとって自分の仕事とは何か、私に求められているものは何だろうかと改めて考える日々が続きました。

遺体感染管理士の民間資格をもっているからコロナの対応は私に任せてくれというのは単なるおごりであったということを実感しました。遺体感染管理士という肩書きを前面に出してあぐらをかいていただけで、遺族の声にはいっさい耳を傾けていなかったのです。そのため最も大切な、遺族の思いに寄り添い、どう汲み取るのかということを見落としていたのです。

もしも事前に遺族の思いを私がじっくりヒアリングできていたら、という後悔はしばらく消えませんでした。当時の状況では、志村さんが亡くなったときのように病院から火葬場に直行し、遺骨を遺族に手渡すやり方を踏襲せざるを得ませんでした。けれどもそのあとに、遺骨を安置して葬儀・告別式を行う「骨葬」や、お別れ会やコロナ禍ならではの葬儀を開くなど、制約があっても精いっぱいの弔いはできたはずだと思ったのです。

その後、2020年7月29日に厚生労働省が出したガイドラインは、私の気持ちを強く後押ししてくれました。国がコロナ禍のなかでの葬儀を「やっていい」といわばお墨付きを与えてくれたのです。

この厚労省のガイドラインは、遺体感染管理士の観点からも至極まっとうなものでした。例えば遺体からの感染リスクについて次のように書いています。

「新型コロナウイルス感染症は、一般的には飛沫感染、接触感染で感染しますが、遺体においては、呼吸や咳嗽《がいそう》（咳のこと）による飛沫感染の恐れはありませんので、接触感染に注意することとなります。WHOのガイダンスによれば、現時点（2020年3月24日版）では、遺体の曝露から感染するという根拠はないとされており、感染リスクは低いと考えられますので、接触感染に対しては、手指衛生を徹底し、本ガイドラインを踏まえた取扱いを行うことで、十分に感染のコントロールが可能です」

つまり、適切に対応できれば感染リスクが低いことを明記しており、冷静な対応を促す記述です。また、遺体を収容する納体袋についても「感染管理の観点から非透過性納体袋に収容することを推奨します」としつつ、「遺体が非透過性納体袋に適切に収容され、かつ適切に管理されていれば、遺体からの感染リスクは極めて低くなります」と過度に恐れる必要はないことを伝えています。納体袋の消毒についても、「遺体を収容する際に、非透過性納体袋の外側に付着することが予想される体液等に対して行うものです」と念押ししていますし、ほかにも遺体に対する直接的なケアのある場面とそうでない場面についてのそれぞれの対処法、納体袋に納めるときの注意点、透明ではない納体袋で遺族に遺体の顔を見せたい場合の方法なども事細かに解説してあります。

全体として、適切な処置をすれば遺体から感染するリスクは極めて少なく、むしろ会葬者同士の接触感染によるリスクのほうが高く、いわゆる三密の回避や基本的な手指の消毒、マスクの着用などによって感染は避けられるということが書かれていました。

何よりも、葬儀を希望する人にはできるだけ葬儀をしてあげてくださいという主旨の文言が記されていたことは、私にとっては非常に心強いものでした。

しかし、いくら厚労省のお墨付きがあっても、ガイドラインの中身を知らなければ意味がありません。残念ながら、私の周りにはガイドラインを読んでいないどころか、存在すら知らない関係者が多かったのです。あるいは知っていたとしても、周りの目を意識して「やらない」と判断した業者もあったようでした。特に葬儀場は、ガイドラインが出たあとも貸さないというところばかりでしたから、人が集まっての会葬は事実上できない状態でした。

私は、いずれ依頼が来るであろう2回目のコロナ葬儀に向けて、どうすれば遺族が納得できる形にできるか、保健所などにも確認しながら方法を模索しました。

例えば、志村さんのように火葬場に直行するやり方でも、遺族が見送ることのできるタイミングがつくれる可能性はあります。簡単で予算も少なく済みますが、この方法には遺族に濃厚接触者がいればスケジュールの面で難しくなる点で大きな課題があります。あるいは納体袋に入れたまま葬儀を営むとか、遺体を納体袋から出して棺に入れた状態で葬儀をすることは可能だろうかなど、いろいろなパターンで可能性を探りました。

通常遺体安置の際にはドライアイスを使用しますが、気密性が高い非透過性納体袋にドライアイスを入れると破損の恐れがあるのでドライアイスが使えません。当時、濃厚接触者の隔離期間は2週間だったので、故人と対面したいという要望に応えるにはそれまで遺体を保管する必要があります。

一つの選択肢となるのがエンバーミングです。エンバーミングは日本語では「遺体衛生保全」と訳され、ＩＦＳＡ（一般社団法人日本遺体衛生保全協会）が基準として定めており、専門の資格をもつエンバーマーによって行われます。遺体に殺菌消毒・防腐・修復・化粧などを施して、故人を生前の姿に近づけるのです。

エンバーミングをすれば2週間以上もちますし、納体袋からも出せますが、費用はそれだけで20万〜30万円ほどかかります。一つの解決策であるとはいえ、コロナで亡くなったためにお別れの費用が余計にかかり、それが理由で諦めざるを得ない遺族が出てしまうのは望ましくありません。なんとか遺族が利用しやすい方法がとれないか、コロナ禍での葬儀の可能性を探り続けました。

コロナ禍で実現した参列者３００人の葬儀

私が取り扱った2例目のコロナ感染死の葬儀は、保育園の理事長を務めていた90代の男性でした。そのときは保育士らに最期のお別れをさせてあげたいと、長男から依頼がありました。

葬儀は2020年の冬で、1回目のコロナ葬から半年以上期間があいていたこともあり、しっかりと準備して臨むことができました。自社のホールを利用できたので場所の問題はクリアしましたが、亡くなった理事長は複数の施設を経営していたので全施設の従業員を集めると300人以上になります。

さすがに一度に参列するのは三密防止の観点から不可能です。そこで、園ごとに何時から何時までと分けることにして、利用者は参列させないことにしました。人数が多くなり過ぎると、もしもの場合に感染ルートの追跡が難しくなるためです。

当日は市長や市議会議員も参列しました。事前に感染防止対策を徹底している旨の書類を関係各方面に出していたので、参列者は安心して集まれたと思います。そして結果的に一人もコロナ感染者を出すことなく、無事に園葬を済ませることができました。

この葬儀ができたことは私にとって大きな自信となりました。

この葬儀については、依頼の経緯が少々特殊でした。もともと遺族は他社に依頼をしていたのですが、病院から搬送する段階で、こちらで受けることになったのです。

一般的に大病院では、地域の葬儀業者がもち回りで待機し、亡くなった人が出たらその遺体の処置を担当する、ということが行われています。保育園の理事長が亡くなったのは、私たちの会社が担当の番のときで、偶然の出会いだったのです。

ただ、その後の葬儀についてはすでに遺族が他の葬儀業者に依頼していましたので、私たちとしては病室で遺体を納体袋に入れ、霊安室で降ろし、遺族が依頼した業者に引き渡して終わるはずでした。

ところが棺を持ってやってきた葬儀業者は、全身に防護服をまとっていたのです。遺体はすでに非透過性納体袋に収容し密閉されていました。破損などが生じていなければ遺体への特別な感染対策は不要という厚労省のガイドラインが発布されてから4カ月以上が過ぎています。そんななか、仰々しい防護服姿の完全武装で現れた業者の姿に私はもちろん、遺族さえもあっけにとられていました。お孫さんは「おじいちゃんはいったい何をされるの?」と顔を引きつらせていました。

案の定、火葬場に直行するためお別れはできないというのがその業者の判断です。遺族はもちろん何も言えません。

本当は葬儀をやりたいけれど言い出せない、本音を漏らすことすらできない遺族の悲憤と戸惑いの表情に、私の脳裏には5月のコロナ葬の光景がよみがえりました。思わず「うちだったら、葬儀をやろうと思えばできますよ」と声を掛けていました。普段であれば、こんな割り込みのようなことは絶対にしません。ただ、このときばかりは自分の気持ちに嘘がつけませんでした。

遺族は半信半疑でしたが、私が確信をもって断言していること、そして正直な気持ちで申し出ていることをおそらくは感じてくれたのだと思います。結局、大げさな防護服の業者にはその場で引き揚げてもらい、正式に私たちと契約することになりました。

そのときの私は、通常の病院で着る白衣姿でした。納体袋に入れて外側をしっかり消毒し、破損リスクさえ気をつけていればそのまま搬送して霊安室まで行けるのですから、普通の格好でまったく問題ないのです。

防護服を着てきた会社は、従業員が300~400人ぐらいの大きな葬儀業者でした。

大きな会社になるほど、社員は自分の考えや判断よりも会社の規定に従うしかないということは、ある意味で普通のことです。会社としては、むしろ末端の作業員に至るまで万全の対策を敷いているということを良しとしていたのだと思います。そのなかにいて、防護服は意味がないから自分だけは脱いできましたと言える社員はまずいないということは理解できます。

しかし、私に言わせれば、遺体はもはや咳もくしゃみもしないし、息だって吐かないのだから、新型コロナで最も問題となる飛沫感染など起こるわけがないのです。ほかの業種では分かりませんが、少なくとも遺体に対して適切な処置が施された現場での防護服はまったく不要なものだと断言できます。

その業者は、感染対策に万全を期していることが信頼につながるという考えだったのかもしれませんが、正しい知識に基づかない「万全」などかえって逆効果であり、それが遺族の気持ちを傷つけるかもしれないことは考えられなかったのだろうかと、私は残念でなりませんでした。現場に来ていた社員個人に罪はないとはいえ、会社が大き過ぎるのも考えものだと呆れた気持ちにもなりました。

反対に、家族経営で従業員が４〜５人という会社の場合、少ない従業員が万一感染したときのリスクが高過ぎるために融通が利かないということもあります。当時私が働いていた会社は従業員数が十数人程度の規模でしたから、ちょうどよく融通が利きやすかったというのは幸いでした。実際、副社長だった私は、コロナ葬担当として一定の裁量権を認められ、ある程度自由にやらせてもらいました。ただ、共感して現場で一緒に動いてくれる社員はいなかったので、文字どおり孤軍奮闘の状態でした。

コロナ葬儀の依頼が殺到

コロナ禍に３００人が参列した園葬は大成功だったと同時に、葬儀業界全体にとっても将来への展望を開く大きな可能性を感じさせる事例となったと思います。何より遺族がとても喜んでくれました。

葬儀が終わって２週間後に私たちは感染者や発熱者がいなかったかどうかのヒアリングのために連絡を入れ、一人もいなかったことを確認しました。このときに、遺族の方が「本当に葬儀ができて良かった」と言って、温かい声で私たちをねぎらってくれました。

こうした遺族の皆さんの言葉がこの仕事をする人間には何よりの報酬です。会社としては大々的に宣伝したかったところではありましたが、それは控えました。まだ世の中ではコロナ感染への偏見も根強く、実際、「コロナで亡くなった」と表立って言えない人がたくさんいました。

新型コロナウイルスには誰でも感染する可能性があるということが頭では分かっていても、未知の感染症にかかった人に対する偏見や差別はそう簡単には拭い取れません。さらに、日本中でコンサートや会食などの自粛が求められ、300人規模の葬儀の開催は美談どころかバッシングの対象になる可能性もありました。だから遺族にも、あまり吹聴しないようアドバイスしました。

一方で、私はこの成功で次からどんな葬儀の依頼が来ても自分ならできると自信を深めました。そして実際に、翌年1月はコロナ葬儀の依頼が急増しました。いっさい宣伝も告知もせず、口コミだけが頼りであったにもかかわらず、1月の間に6件もあったのです。

これは、ほかにコロナ葬をできる葬儀業者がなかったことと、コロナ感染拡大の波と重なったことが原因と思われます。波と重なるといっても微妙にずれていて、感染のピークが落ち着いたタイミングで亡くなる方が多いため、一気に問い合わせが殺到してくるというのが実感でした。

ただし、コロナ葬の数が増えるに伴い課題も見えてきました。一つは、コストが高くなってしまうということです。当時、納体袋の準備や管理、消毒といった作業に余計に手間がかかってしまっていました。通常の火葬が25万円くらいのところ、当時は40万円くらいかかっていたのですが、スタッフの慣れや手順の省略、不必要な消毒作業の削減などで徐々に改善できました。

もう一つは自宅葬への対応です。病室から霊安室、病院から葬儀場、火葬場へというフローの安全は確立できていましたが、自宅で葬儀をしたいという要望についての対処方法までは明確ではありませんでした。そもそもコロナで亡くなった人を自宅に安置していいのかという問題もあります。全体の行程や細部の感染対策をブラッシュアップする必要がありました。

それでも、火葬のみだったコロナ禍初期に比べれば雲泥の差です。場所や参列者の数など制限はありますが、感染対策をしっかりやれば、ある程度要望に応えることができるようになったのです。

得られなかった社内の理解

コロナ禍前と同様に大規模な葬儀を成功させることができて、私は「コロナでも葬儀はできる」と自信を深めました。当然、社内でもコンセンサスを得られるだろうし、どんどんコロナ葬の受け入れが進んでいくと期待しましたが、結果的に社内では理解を得ることができませんでした。

当時を振り返ると、やはり一般の人も会社のスタッフも、新型コロナに対する理解が薄かったのだと思います。遺体からは感染しないと、どんなに私が理論的に説明しても、納得は得られませんでした。

参列者の感染も、マスク着用や手指の消毒に加え、いわゆる三密回避を徹底するなど基本的な対策をすれば防げると言い続けました。だから安全な葬儀がごく自然にできるはずだという私の主張を聞いて、みんな頭では理解したと思います。しかし、どうしても首を縦に振ることができないというのです。何を言われようが「コロナで葬儀ができるはずがない」という立ち位置から、一歩も前に進まないのです。

日本全体が「とにかくおとなしくして、嵐が過ぎ去るのを待とう」という思考停止のムードに覆われており、私の周囲もその空気のなかに沈み込んでいました。みんながそうしようとしているなかで、反する行動をとることは許さないというような同調圧力にも抑え込まれていました。それほど当時の日本はコロナに対して萎縮してしまっていたのだと思います。

連日のように1日の感染者が過去最高を更新し続け、私たちが保育園葬を営んだ3日後に東京では月ごとの感染者が初めて1万人を突破しました。日本医師会など医療団体が「医療の緊急事態」を宣言し、医療崩壊が叫ばれるようになりました。そして年末には外国人の新規入国制限を全世界対象にするという事実上の鎖国状態となりました。

それでも感染拡大はやむことがなく、ついに2021年1月7日、1都3県は緊急事態宣言を発令します。これにより、基本的な感染対策をしても感染拡大は防げない、家にこもって人と接触しないことが唯一の対策なのだという固定観念が決定的になってしまったのです。

マスコミ報道の弊害でもあったと思いますが、感染症対策を言われたとおりにやってもコロナは防げないという思い込みからくる恐怖は、人々の心にかなり深く根づいてしまっていました。

しかし、感染症対策が無意味なのではありません。言われたとおりにやっても感染するのではなく、言われたとおりにできていないから感染するのです。ゴム手袋もそうですが、マスクもアルコール消毒も、ただやればいいということはありません。数人でテーブルを囲み途中で何度もマスクを着けたり外したりし、家に帰ると手を洗う前に家中をベタベタ触りながら服を着替えて、そのあとで洗面所に向かうという本末転倒なことをしていては、ウイルスなど防げるはずがないのです。

そうした感染対策のイロハをしっかり周知しないまま、ただ表面的にあれはダメ、これをしても感染するなどと、短絡的な情報が世間に溢れかえってしまっていました。そのため、コロナが怖いならとにかく何もしないのが一番だという空気に支配されてしまったのです。

いわば現実から日本中のほとんどの人が目をそむけていたようなものです。医療従事者や私のような遺体感染管理士は前提となる基礎知識を備えていたので比較的冷静に対処できましたが、そうした知識のない人にとってはまさに非常事態で、パニック状態に陥ってしまったのは無理のないことではあります。理屈は分かるけどとにかく嫌だという感情論になったとしても仕方ありません。

しかし、そのために科学的かつ論理的にいくら説明してもまったく聞く耳をもたないのは現実逃避でしかありません。こうした態度は、感染者に対する差別にもつながります。意識して差別をしようとする人は少ないかもしれませんが、ウイルスに対して科学的根拠に基づいた対応をせずに感情で避けるのであれば、それは差別に加担しているのと同じことです。

人間の歴史のなかで感染症や疫病は何度も起こり、現代医学が確立する以前は原因が分からなかったため、手の施しようもありませんでした。原因不明でどんどん人が倒れ、死んでいくのですから、隔離しようだとか排除しようとか、根拠のない差別があったのは確かです。

　しかし今は医学も科学も発達しています。感染ルートは接触、飛沫、空気の3つだけで、そうした感染ルートが完璧に遮断されていれば大丈夫であることは分かっています。

　それなのに中途半端な対策しかせずに結果的に感染を拡大させてしまい、そうなったらもはや隔離や排除しかないというのは、時代に逆行しているとしか言いようがありません。一般社会ですらそうなのに、もともと保守的な葬儀業界ではなおさら理解が進むわけがないのです。そうしたさまざまな要因が重なり、残念ながら私の勤めていた会社の社内には同じ志の人はついに現れませんでした。

　その一方で、副社長として社員たちにコロナ葬儀の仕事を対応させることのリスクも考えないわけにはいきませんでした。万が一、社内でクラスターが起これば業務が止まってしまいますし、そうなれば休業に追い込まれるのは必至です。善意のつもりでコロナ感染死の人の葬儀受け入れを進め、その結果会社を危機に陥れることは絶対に許されません。

　私が一人で動いていたのは、賛同者がいなかったことも大きな理由ではありますが、最悪の場合でも被害を最小限にとどめる必要があると考えてのことでもありました。

コロナを手抜きの言い訳にし始めた

当時、葬儀業界では、感染対策を理解していないことから「ご遺体は触りたくない」という人が圧倒的多数でした。きちんと衛生管理して区別して扱えば問題ないのに、あからさまに避けたり、触れようとしなかったりするのは明らかな差別です。

しかし、私もこうしたことに対して最初の頃は強く言えませんでした。一部の医療従事者と葬儀業者が理解していないのは汚染と感染の違いです。例えばウイルスが手に付着しても感染するとは限りません。体内で増殖しても免疫機能が働き発症しないこともあります。

一方で、テレビでは防護服を着た人たちが、クラスター感染が起きたホストクラブの店内を消毒している映像が流れていたりしました。そこにあまりにも大きなギャップがあったので、社内の人たちも私が言っていることをにわかに信じられないという心境だったのだと思います。

そんなことを言っている間にも感染者は日々増えていき、亡くなる人も身近に現れ始めました。そうなるといつ自分たちのところまで広がってくるのか戦々恐々とする雰囲気が高まってきます。コロナ感染者の葬儀は受けたくない、受けたとしてもなるべく接触する機会や時間を減らしたいから火葬場へ直行させたい、だから遺族にも火葬プランだけを勧めようという風潮に社内全体がなっていました。火葬だけでも遺体の保管料やコロナ特別手当などを計上することで稼げたからです。

この本の出版時点で、私の会社で最もシンプルな火葬のみを営む「直葬」プランは税込み9万5000円です。ところが、コロナ最盛期は火葬だけで50万~60万円という葬儀業者がありました。実は当時私が勤めていた会社でも、最初の頃は割増請求をしていました。なぜなら、通常以上に消毒の手間がかかっていたからです。例えば、今ではやっていない霊安室や寝台車の消毒も馬鹿正直にやっていましたし、納体袋の外側を消毒する作業も2回、3回と繰り返していました。当時はどこまでやれば安心か分からなかったので、やれることは全部やっておけという風潮だったのです。

しかし今考えれば、火葬だけなのに何十万円も請求するのは明らかに異常です。火葬だけで90万円近い請求をし、遺族から厚労省に通報された会社もあったという噂を聞きました。コロナを手抜きの言い訳にして、ぬけぬけと便乗値上げに利用した葬儀業者が複数あったのです。

コロナ葬儀のほうがむしろ安全

私が勤めていた会社をはじめ、多くの業者が過剰な対応をしていましたが、現実的にはコロナ感染者の葬儀のほうがむしろ安全であると思います。なぜなら、コロナ感染で亡くなったと分かっていれば、非透過性納体袋に収容するなどそれなりの対処が事前にできるからです。

むしろ、肺炎で亡くなっているけれど検査はされていないからコロナかどうか分からないという人の葬儀が最も怖いと感じます。その肺炎が新型コロナウイルス感染症によるものかもしれないからです。遺体がコロナ感染していたと言われていなければ、葬儀業者のスタッフも遺族も素手で触ったり、納体袋にも入れずに安置したりしても大丈夫だろうと考えます。

しかし、病院がすべての死因に対して逐一、コロナ感染かどうかを確認・報告しているわけではありません。実は感染しているかもしれないのに、まったく意に介さず安心し切っているとしたら、それがいちばん怖い状態であるといえます。

自宅で突然亡くなった場合は一応不審死として警察に運ばれて検案を受けることになっています。監察医、法医学者などの医師が、遺体の表面を検査し、病気の既往歴や死亡時の状況などから、死因や死亡時刻を医学的に判定するのです。よく検死という言葉が使われますが、検死とは検視（遺体や周囲の状況を調べて、犯罪の疑いがあるか判断する刑事手続き）と検案、解剖の3つを包括した言葉です。

日本の検案の判定結果の9割ほどが脳梗塞か心筋梗塞です。私も警察に同行して検案に立ち会うことがありますが、医師が5分くらい遺体の外側を見て、血液検査をして終わりということが多く、それ以上はわざわざ突き止めるまでもないという印象があります。コロナの渦中にあった当時においても、いちいちコロナの検査をしていたわけではなさそうでしたので、警察案件の遺体を引き取るのが非常に怖かったことを覚えています。

日本人の頭の中は潔癖過ぎる

コロナ感染者は受けないという葬儀業者にとっては、感染しているのかいないのか分からないグレーな案件が最も困るということになります。コロナですと言われたら断れるけれど、コロナかどうか分からない、検査もしていないという場合はどうすればいいのか、あとからコロナと分かったらどうするのか、コロナで死んだと分かっている人以外はすべて〝推定陽性〟なのか判断に迷うことが実に多くあります。

そう考えると、コロナ感染者の葬儀を断るということ自体が葬儀業者として非常にナンセンスだということが分かります。もちろん、社員の安全を第一に考えて「うちはコロナ検査で陰性の結果が出ている遺体しか扱いません」という方針を打ち出す手はあります。しかし、亡くなったあとにわざわざコロナの検査をすることはほとんどゼロです。そうなると結果的にどの案件も受けられなくなってしまいます。

だから正解は、「どんな遺体でも感染しているという前提で扱う」ことです。しかし、この期に及んでそんなことを言わなければならないのは、普段からそういう対策をしていないということの裏返しです。遺体感染管理の観点からすれば、直接的な死因にはならずともなんらかの感染症に罹患していた可能性もあるため、本来はどんな遺体でも基本的な感染対策はしなければならないのです。

私には、誰もが頭の中だけ潔癖過ぎるように思えてなりません。これは葬儀業者に限らず、今の日本社会全体にいえることです。コロナ禍以降、除菌・殺菌グッズが多くの店に並ぶようになりましたが、何の菌に対してどれだけ効果があるのか明記されているわけではありません。

また、使い方も重要なはずなのに、そういったことに詳しい知識をもたない人ほどやたらと使いたがるものです。コロナ禍でも除菌対策としてアルコール液や除菌ウェットティッシュが使われていますが、きちんと正しく使わなければ意味がありません。街中の様子を見ていると、ほぼ自己満足のための感染対策です。

もちろん、例えば手術のように、絶対に正しくきちんと感染対策をしなければならないときはあります。しかし人間は完璧ではなく、無尽蔵に集中力を保ち続けられる人などいませんから、本当に必要なときに間違いを犯さないよう、メリハリをつけることが大切だというのが私の考えです。逆を言えば、しっかりやるときだけ徹底してやればいいということです。

しかし、当時はみんなが適当な対策をだらだらと続けていたような状況でした。多くの人が正しい科学的な知識もないままになんとなく嫌だと遠ざけて、でも実際は遠ざけられず、適当な対策で結果的には感染者を増やしてしまうという非合理なことをやっていたのです。そして本来はそうした対策をプロフェッショナルとしてしっかりやるべき葬儀業者も、一般の人と何も変わらず中途半端なことをだらだらとやってしまっていたのです。

葬儀後に感染者を出さないことが第一

コロナ葬儀を受けるようになってから、5～6社の葬儀業者から問い合わせがありました。うちもやりたいが対応の仕方が分からない、教えてほしいというものです。そういう人たちは厚労省のガイドラインは最低限チェックしたうえで細かい現場対応についてのアドバイスを求めてきました。

例えば、遺体の引き取りに行くとき病院には棺を持って行くのかとか、葬儀で遺族が故人と対面するときは防護服を着る必要があるのか、といったことです。私は病院から持ってこいと言われなければ棺は持って行きませんし、防護服もいっさい着ません。そう答えても不安そうな相手には、納体袋の外側を消毒して、破損など感染のリスクがなければ大丈夫であること、ご遺体との対面も直接触れなければ飛沫感染も空気感染もしないことなど、社内でこれまで何度も言い続けてきたような理由も丁寧に付け加えました。

プロとして自らの業務に向き合い、しっかり考えれば判断できるだろうという気持ちもありますが、相手の不安も理解できます。誰かが大丈夫だと言ってくれないと一歩を踏み出せない、誰かに責任を求めたい、そういう心理があることは、パニックともいえる当時の社会情勢から考えると仕方のないことだと思います。

遺族や参列者に対しては葬儀会場ではなく、葬儀が終わったあとの感染対策について口酸っぱくレクチャーしました。例えば「家に帰って手を洗って消毒するまでマスクを取ってはいけない」という内容です。これは、亡くなった人から感染するリスクより、帰るまでの経路上で感染するリスクのほうが高いからです。葬儀のあとに感染したとしても、厳密な感染経路は特定できないわけですから、葬儀のせいだと言われかねません。

行動自粛の風潮のなか、ほかはやっていない葬儀をやっているのですから、批判の矛先が向きやすいのです。私たちだけでなく、遺族にも批判や中傷の矛先が向くことは絶対に避けなければなりません。

だから、2週間は頑張って感染対策を続けてくださいと依頼しました。当時は2週間が感染力のある期間とされていたからです。2週間経っても健康だったら葬儀が感染経路にはなりません。一生でもなく、1カ月でもなく、2週間、普段より徹底した感染対策ができるなら葬儀を受けますというスタンスで顧客に対応しました。

最初、私は嫌がられると思いましたが、思いのほか感染対策のレクチャーそのものを顧客は喜んでくれました。具体的な対策だけでなく、「周りは関係ない。あなた一人の問題です。あなたがしっかり感染対策すれば、周りの10人が感染していたとしても、あなたは感染しないのです」といった基本的な考え方を40分ほどかけて説明すると、なるほどと納得してくれます。そうした説明を受ける機会がそれまでまったくなかったのです。

当時テレビのニュースやワイドショーでは、連日コロナの話題を取り上げていましたが、40分もかけて感染対策をレクチャーする番組はありませんでした。感染者がどれだけ増えたかという数字だけをセンセーショナルに垂れ流し、行動自粛のなかで飲食をした政治家や大学生をまるで鬼の首をとったかのように糾弾する時間はあっても、本当に大切な感染対策の基礎知識をじっくり伝える時間はなかったようです。

いわゆる、三密は避けましょうとお茶を濁す決まり文句のように繰り返す報道が精いっぱいで、その理由や要点を具体的に伝えようと真摯に取り組まれたものを見た覚えがありません。いっそ政府や厚労省が1時間くらい全放送局の枠を買って、国民に向けた感染対策の番組を放送するぐらいのことをやってもよかったと思います。医療界も含めてそれをやらなかった弊害は大きく、思い込みや差別意識の助長につながった面はあると思います。

私はコロナ禍が始まってすぐの頃、記者会見などの様子がしばしば報じられた小池百合子東京都知事にも問題があったと思います。密を避けろと繰り返し言っていましたが、密になること自体は直接感染にはつながりません。重要なのは密になったあとどうするかであって、目と口と鼻さえ防いでいれば感染は防げるのです。近づいただけで感染することはありません。これを、感染は密で起こるという短絡的な表現で伝えたことは、感染力の強さを印象づけはしたでしょうが、最善な手法だったとは思えません。

要点は、その場を離れたあとで各自がどのような行動をとるべきか、それはなぜか、その論理を伝えることにあります。メガネやマスクをただ推奨するのではなく、外すときはいつでどう外せばいいのか、外したものをどう扱うべきなのか、そういう具体的なレクチャーを定例会見で実際にやって見せるべきでした。

感染対策は一人ひとりに語りかけなければ伝わらない

感染対策について遺族に伝えるとき、私が心掛けたのは一人ひとりに語りかけるということでした。手洗いの方法を図解した紙を私が直接手渡しながら、心構えについては文字ではなく語りかけることで伝えるほうが効果的だと考えたのです。

まず、今日ここへ来るまでに何に触ったかを尋ねます。だいたいの人は覚えていないと答えます。しかし、当然何も触らずに来たわけがないことは確かだと同意してもらったうえで、その時点で手が無菌とはいえず、感染のリスクをもった状態であることを伝えます。ここで私は、これから遺体と対面することに話を移します。たくさん泣いてもらっていい、ただし、その涙を手で拭かないように気をつけなければならないと念を押すのです。

ここで相手は、はっとした顔になります。手に感染リスクがあるという理屈と、今から自分がやりそうな行動とが結びつくのです。

私は、今の気づきを大事にしてほしいと伝え、目を見てそれが相手に届いたことを確かめます。これを、一人ひとり丁寧に行います。

語りかけられた人たちは、これだけ感染が怖いと言っているなかでどれだけ無意識に日常生活を送っているか気づいてくれます。それでも、これから故人を目の前にすれば、きっとすべて吹き飛んで、溢れる涙を無意識に手で拭いてしまうと思います。それは大変なリスクです。

だから感染についての理解を深めるために約30分かけて話を聞いてもらい、涙を拭くためのハンカチやティッシュを用意してもらったうえで、故人に面会する――こういう段取りを踏みます。そのほうが心に刺さり、実際の行動にも反映されるのです。紙で配っても絶対に読みませんし、読んでも正しく理解してくれる保証はありません。だから現場で直接心に届くよう語りかけるのです。

遺族が感染して最も悲しむのは故人だという話もします。故人は葬儀を喜んでくれるかもしれないが、自分のせいで家族が感染してしまうことは絶対に望んでいない、そう伝えるとみんな私の言うことをよく守ってくれます。

こうした心を込めた訴えかけが相手に届いているな、と実感するのは、例えば次の打ち合わせのときに、遺族の方から「まだ守っていますよ」などと言ってくれるときです。そこまでくると、私のなかでは大丈夫だろう、感染しないだろうと思えます。万が一感染してしまっても、なぜ感染したか分からないということにはならないはずです。あのときのあれがまずかったのだと、しっかり感染経路を振り返ることができれば、事後の対処もしやすくなります。

難しい話を煙たがるお年寄りの場合には、昔の日本人はみんなそうしていた、もう一度古き良き日本に戻りましょうという切り口で話すこともあります。昔の子どもたちは皆、外から帰ってきてただいまと言った瞬間、母親に手を洗ってきなさいと言われました。そういった習慣には先人が積み重ねてきた生活の知恵が凝縮されていて、きちんと理由があったのです。仏壇に線香を立てて、それから手を洗いなさいと言う人はいませんでした。まずは手を洗い、それから線香を上げるという順番だったはずです。

残念ながら厚労省のガイドラインに、一般の人にこうすればよいという詳細な内容はありません。結局、専門的な知識をもっている人でなければ本当の意味で理解するのは難しいものですから、このように噛み砕いてしっかりと伝える役割を果たすことはとても大切だと思っています。

本来は葬儀組合のような団体が公的な声明を発表する、あるいはそれぞれの方法をレクチャーすべきだったと思いますが、積極的に動こうとしていた私が同じ会社の人間に伝えることさえ困難だったことを、業界全体に働きかけて動かそうというのはとうてい現実的ではありませんでした。もっとも、さまざまなケースが考えられるなかで、すべての責任を私が率先して負うのは怖かったということも認めざるを得ません。

ただ私は、そのような状況にあるからこそ、正しい感染症対策を皆で共有し、大切な人を送り出す葬儀ができることをどうにかして証明していかなければならないと考えていました。全体に働きかけることが難しくとも、自分自身の手が届くところ一つひとつをしっかりと伝え、行動し、結果を出して、コロナ禍での葬儀を実現させていこうと決心したのです。

第3章

増える一方のコロナ感染死と葬儀のニーズ

遺族の願いである最期のお別れを叶えるため、独立を決意

独立を決意

コロナ禍での葬儀を実現するためにはその当時の会社では無理だと思い、私は会社を辞め、独立することを決意しました。第一の理由は社内の理解が得られなかったことです。万に一つの確率でも社内でクラスター感染を発生させないために私一人でコロナ葬儀の対応をしていたのですが、私の対策にすら難色を示す社員が増えていました。コロナ葬儀の案件がどんどん増えていったということもありますし、相談内容がどんどん複雑化していったということも、社員の精神的ストレスになったと思います。

例えば院内感染で亡くなって、病院で面会することができなかった遺体を取り扱ったことがありました。火葬場に直行か、私の会社のホールでご遺体と面会するのが通常なのですが、その方は骨折で入院していただけなのにコロナ感染して亡くなったので、あまりにもかわいそうだから一度家に帰してあげたいと遺族が急に言い出したのです。そうしたイレギュラーな対応は、事前の準備ができないので、どうしても感染リスクが高まります。

逆に入院できないまま自宅で亡くなってしまった人の場合、病院のようにレッドゾーン・イエローゾーン・グリーンゾーンと区別はできません。また、遺族全員が濃厚接触者であったり、感染者であったりする可能性もあります。そこに乗り込んでいくのは感染リスクも精神的リスクも高く、そうした葬儀を自社で扱うとなると、社員としてはたとえ自分がやらないとしても、やはりいい気持ちにはならないはずです。

結果的に私はいっさい感染せず、社員の感染者もゼロでした。しかし、社内の感染に対するリテラシーはとても低いものでした。例えば、コロナ葬儀を受け入れている最中だというのに、従業員数人で弁当を囲み食事をしていたのです。私が正しい知識に基づいて万全の対策をしたうえでコロナ葬儀を取り扱うのは煙たがる一方で、自分たちは平気でリスクの高い行動をしているわけです。せめて、一人ひとり別々に食べてほしいと心のなかでは思っていましたが、強制はできませんでした。

もし、そうした状況で社内でのクラスター感染が発生したら、たとえ感染経路が不明であったとしても、コロナ葬儀を受けているせいにされることがたやすく想像できました。

実際、一人の社員が発熱したときには、会社の空気が一変し私に向けられた冷ややかな視線を感じました。結局その人は陰性でしたが、そのときの社内の空気と視線は、私の心に深く刻み込まれました。

当時の私はさすがに自分一人では手いっぱいになってきて、人員を拡充したくてもできなかったということもあります。コロナ葬儀の対応にはそれなりの覚悟が必要だからこそ、会社として社員に強制することはできません。自ら進んで志願するくらいでないと、とても務まらないのです。そうした人材を社内に見つけるのは不可能でした。

コロナさえ落ち着けば、私がやっている仕事への正当な評価がされるはずだと思っていました。しかし当時は、どれだけ熱を入れて語っても聞いてくれる人が社内にはおらず、受け入れてくれる土壌が世間にもなかったのです。だったら、やれるところまで黙々と突き進んで、自分を頼りに来てくれた人たちに対して精いっぱいのことをやるだけだと割り切りました。

他の葬儀業者からコロナ対応のやり方について問い合わせが増えてきた事実も背中を押しました。少なくともコロナ葬儀をしようと思っているのは私一人だけではないし、もっと広く世間に目を向ければ賛同者はいるのだと気づいたのです。

そうして退職を表明したものの、社内の反応は特になく、驚きも引き留める声も特に私のところには届きませんでした。おそらく社長はいずれ私に会社を任せたいと思ってくれていたはずなので、内心複雑な心境だったと思います。私もこのような形で離れたくはなかったのですが、日に日に感染者も増えており、もはや待ったなしという状況でした。

共感してくれる仲間とやっていこう

私はたった一人で再出発しました。実は葬儀業者というのはアウトソーシングで成り立っている仕事です。例えば、葬儀業者＝葬儀場というイメージがあるかもしれませんが、自前の葬儀場をもっていない葬儀業者のほうが圧倒的多数です。

多くの葬儀業者がセレモニーホールなどを借りて執り行います。花、お返し、料理など葬儀に関連して必要なものはそれぞれ専門の業者に発注します。寝台車も搬送業者に電話一本で依頼ができます。搬送業者は一般的に自社で安置施設をもっており、こちらの都合を聞いて対応してくれます。棺に関しても専門業者がいます。だからやろうと思えば葬儀業者は携帯電話と軽自動車一台あればできる仕事です。

亡くなりましたと電話が入ったら車で病院まで行って搬送業者を呼び、顧客と打ち合わせ、面会は搬送業者の霊安室でします。棺を業者に発注し、霊安室まで持ってきてもらいます。そして式場と火葬場の予約をし、日取りが決まったら花と仕出しの業者に連絡し、どんなものをいつまでに持って来てほしいと頼んだらおおむね準備完了です。

会社として経営していくうえでは、これらをどこまで内製化するかがポイントになります。前の会社は式場と霊安室、寝台車も自前でもっていたので、コロナ禍で業者が感染者を断るような状況でも、ひととおりのことは問題なく行えました。大きい葬儀業者だと、花や料理も内製化しているところがあります。

しかし独立となると、そうした施設を最初からもつことは不可能です。当時私がもっていたのは、小さな霊柩車一台だけです。軽自動車をベースにしたもので、自費で購入し、前の会社でコロナ葬儀用に使っていたのです。通常、霊柩車は黒塗りの大型車で緑ナンバーというイメージがありますが、法律的には軽貨物で問題なく許可を取ることができ、もちろん火葬場にも行けます。日本の狭い道では小回りが利くほうが便利なことが多いため、その後も軽の霊柩車を増やしています。

問題はコロナ禍でホールを貸してくれる葬儀場が少なかったことです。少なくとも、霊安室兼ホールがないと葬儀はできません。このハードルを越えないとコロナの葬儀は受け入れられないのです。

そこで貸してくれるところはないかと探したところ、東京都日野市にあるホールが協力を申し出てくれました。コロナ葬儀でもいいのかと念を押すと、担当者は私の心意気に賛同するといって、力強く応じてくれたのです。さらに花、仕出しの手配先、そして遺体に感染の防護を施すエンバーマーからもバックアップの確約を次々と得ることができました。

これでいつでも始められると確信した私は2021年1月4日、東京法務局立川出張所に新会社の設立を登記しました。司会進行役の女性と2人だけの体制で、同年3月からサービスを開始したのです。

先に独立した先輩の話を聞く限り、最初は月に2、3件の依頼があればいいほうだと思っていました。だから私とサポート役がもう一人いれば十分立ち上げ可能だと見込んでいたのです。

コロナ禍で仕事を失った司会業の女性と運命をともに

会社を日野市に設立した私は代表取締役社長に就任しました。もともとは一人で始めるつもりでしたが、佐藤礼子・厚生労働省認定1級葬祭ディレクターが心強い相棒になってくれています。

彼女はフリーで葬儀専門司会業をしていて、知り合って10年近くになります。もともと司会者専門の人材派遣会社に所属していました。

コロナ前、売れっ子司会者は1日に何件も掛け持ちが当たり前で、多い人は月に60万〜70万円稼ぐことができました。彼女は評判も良く、忙しく仕事をこなしていましたが、コロナで葬儀、通夜が一気になくなり一時期は完全に仕事がゼロになったと言っています。

私は独立するタイミングで彼女に声を掛けました。需要は多少持ち直してきたけれど、コロナ禍が明けても以前のように戻る保証はありません。むしろこれからは大掛かりな葬儀が確実に減っていく、いつまでも司会で食べていけるかどうか分からないと私が説得してスカウトしたのです。

フリーの司会業はやはり立場が弱く、コロナのような事態が起きると真っ先に仕事がなくなります。その点、葬儀業者は経営さえしっかりしていれば、仕事自体が完全になくなるリスクは低いのです。私は彼女の実力を高く買っていたので、もし新しく立ち上げる会社の社員や役員として入ってくれたら、特に顧客対応は安心して任せられると思って声を掛けました。

私はもともと帝国ホテルに勤めており、そこを辞めて葬儀業界に飛び込んだのですが、転職当初から彼女とは何度も仕事をともにする機会があったため、彼女は私が重視している帝国ホテル仕込みの接客マインドをとても深く理解してくれていました。経営者として走り出した私は、そういったホスピタリティについて、何も知らない相手に最初から教えて育てる余力も時間もありません。彼女ならそれをしっかりと補い、後進の育成も任せられるという確信があり、絶対に必要な人材だと考えたのです。

超一流ホテル仕込みのホスピタリティ

一般的に葬儀の司会者はあくまでも司会進行のプロであり、運営や接客には関与しません。仮に参列者が何か困っていそうな様子を見かけることがあったとしても、よほどでなければ自分から声を掛けるようなことはしないものです。ましてフリーの立場であれば、万が一にも葬儀業者の顧客相手に失礼があっては問題になりますから、参列者との接触は慎重になります。事前に進行の打ち合わせをし、開始時間になったらマイクを持ってアナウンスをし、葬儀が終わったら速やかに会場を去るというのが普通です。しかし彼女は参列者が困っている様子を見かけたらごく自然に優しく声を掛け、トイレを探しているのであれば丁寧に案内する細やかな接遇をスマートにやれる人でした。出会った当初からそんな彼女の様子を見てきた私は、この人は葬儀のスタッフとしての素質があると目を付けていたのです。

もし彼女が、この先も今までどおり、ただ司会業だけをしていくつもりでいるなら私はぜひにも自分の会社に来てもらおうとは思いませんでした。コロナ前まではそれで十分にお金が稼げたわけですし、もしコロナ禍が終息したあとは元に戻るだけだという考えでいるのなら、私としてはそれまでです。

しかし、私は彼女にただの司会進行係としてではなく、「遺族の介添え」となってほしいと伝えました。遺族に寄り添い、目を離さず、不安を取り除くよう行動し、悲しみのなかにいる遺族たちから最後は感謝されるような仕事ができる司会者です。彼女はそれができる唯一無二の人であり、私の会社にはそういう人材が絶対に必要でした。

この先、家族葬が増えて大きな葬儀の数が減っていっても、そういう仕事ができる司会者の仕事がなくなることはないと私は確信しています。ですから、私と組むことで司会進行以外の部分で自分の価値を高め、求められる司会者として成長することは、彼女にとってもメリットだといって口説いたわけです。今では、葬儀に宗教者は呼ばないけれど佐藤さんには来てほしいという指名で依頼が入ってきます。なかにはセレモニーはやらないけれど佐藤さんには来てほしいという依頼もあります。気配りができ、場に安心感をもたらし、本当の意味で遺族の助けになることができるからです。

昨今の葬儀にはホスピタリティが足りません。例えば葬儀場の配膳人も、ただ用意したお茶をそのまま並べるのではなく、一人ひとりの様子を見てコミュニケーションをとり、相手に合わせて温かい物と冷たい物を選んだり、熱い場合にはさりげなく注意を促したりといった、細やかな気配りが必要です。そうした心の通ったサービスが参列者の緊張を解き、安心感をもたらすことができれば、この人たちに任せて良かったと感じてもらうことができ、それが最終的には感謝にもつながります。

家族葬が増えていくなか、業界の風潮としては、司会も配膳も不要だというコストカットにますます偏っていっています。だから従来のように司会だけ、配膳だけで仕事になると考えている人は当然淘汰されていきます。

私が考える葬儀はそうではありません。司会進行や配膳が必要ない形の葬儀であっても、遺族が安心して任せられるホスピタリティを提供する人材によって、やってよかったと思ってもらえる葬儀を実現していくべきなのです。葬儀を済ませた遺族の皆さんから続々と感謝の手紙が届くのは、私たちにとって本当にありがたいことであり、確かな手ごたえとなっています。

葬儀ポータルサイトが集客支援

2人だけの船出といっても、多くの人たちの助けを借りての出港でした。近頃は葬儀に関わる業務をアウトソーシングできるサービスが充実しており、なかでもポータルサイトには営業業務を任せることができます。ポータルという言葉には玄関や入り口という意味があり、ポータルサイトは、各社のホームページなどにアクセスするときの入り口となるウェブサイトのことです。例えば検索エンジンのGoogleもその一つです。特定の地域の観光情報やイベント情報、口コミ情報や育児などの情報、特定企業の集客など多岐にわたります。

葬儀業界におけるポータルサイトは、葬儀をしたいと思った人が最初に訪れることを狙って作られており、葬儀ポータルとも呼ばれます。提携している多数の葬儀業者の情報を掲載し、内容や価格、地域などから自分の好みの葬儀業者、葬儀プランを選ぶことができます。価格やサービス内容を簡単に比較検討でき、問い合わせや申し込みもスマートフォンで簡単にできるため、今はこうしたポータルサイトを経由し葬儀業者を探すのが一般的です。私も、前の会社に勤めていたときから付き合いがありました。

葬儀業者にとってもポータルサイトを利用するメリットがあります。特に創業したての葬儀業者は、コネも知名度もありませんから、集客はポータルサイトに任せておくほうが効率的です。自社のエリア内に顧客がいたら紹介してくださいとポータルサイトの担当者に頼んでおいて、依頼が来たら粛々と対応すればいいのです。その代わり、価格決定権は基本的にポータルサイト側にあり、紹介してもらったらその分の手数料を支払う必要があります。

こうしたビジネスモデルを嫌がり、ポータルサイトの依頼はいっさい受けないという葬儀業者も実際にあります。その一方で、サイト側が定める価格に合わせる余裕がある葬儀業者にとっては、ポータルサイトへの掲載は非常に有効な手段となります。また、自社では集客能力がない葬儀業者はポータルサイトを頼りにやっていくほかありません。ですから、最初から自社での集客はしないといったやり方も出てくるわけです。

ただし、価格の比較がしやすいということは、業者間の価格競争を煽る原因になってしまうので、それがネックになることもあります。私の会社も創業時はずいぶん助けられました から、あまり批判めいたことは言いたくありませんが、価格競争一辺倒のポータルサイトは価格につられて利用者が申し込んだ挙げ句のトラブルも多いので注意が必要です。現状は上位3社が三強といわれていますが、1社が5000円下げたら他社も5000円下げるという状態で、これ以上は価格を下げられないところまで来ているというのが、葬儀業者としての本音です。

このようなことになってしまう原因としては、総額30万円と70万円の葬儀の違いが消費者にとっては分からないということが挙げられます。参列者の人数も花の量もほとんど同じでなぜ差がついてしまうのかを、サイト上で納得のいくように説明することができないのです。

ホテルのポータルサイトなら、実際の部屋の写真に加え、三つ星ホテルか一つ星ホテルかといったランク付けがされており、同条件でも値段に違いがあることを納得させやすいのですが、葬儀の違いをアピールするのはそれほど簡単ではありません。実際、葬儀業者にランキングをつけようという話が出てはいて、式場や棺の豪華さなどによって優劣を付けようというのですが、うまくいっていません。なぜなら、大会社の社長や議員など一部を除いてほとんどの顧客は葬儀に豪華さを求めていないし、葬儀業者との関わりは人生で滅多にないことで、宿泊のようにリピートするものでもないからです。

ホテルなら部屋の設備や景観、料理の質などによって満足度が変わります。しかし、葬儀の満足度は無形のサービスによるものが大きく、目に見えないから評価しづらいし、顧客側も判断しづらく、結果として滞りなく済ませられれば基本的に満足されます。だから、価格・場所・規模だけが判断基準で、あとはどうでもいいということになりがちなのです。市場の原理からすると仕方のないことかとも思います。

式場や棺の豪華さだけではなく、気配りや演出などソフト面がとても大切なのですが、地元での認知度が上がらなければ、中身まで見てもらうことは困難です。また葬儀業では、例えば広告を打ったからといって顧客候補の総数が大幅に変わるということはあり得ません。

同一エリアで1カ月に亡くなる人数はほぼ固定されています。ちなみに日野市だと、月におおよそ130~150人亡くなり、市内に十数社ある葬儀業者でこの人数を分け合うことになります。そうなると創業50年といった老舗のほうが知名度や信頼度のうえで選ばれやすく、立ち上げたばかりの葬儀業者はどうしても不利なのです。そのため、新しい会社ほどポータルサイトの活用を前提とした戦略を立て、遠いエリアからでもいいから一つでも案件を取っていこうということになります。

２０２３年現在、私の会社は日野市で10％のシェアを取ることができており、ポータルサイトを経由した葬儀の割合は減っています。しかし、サービス開始時の２０２１年３月はポータルサイト経由での依頼の割合が大きく、当初は本当にお世話になりました。

初月から10件の依頼

まずは月に数件の仕事をとるところからだと考えていた私たちの会社ですが、初月に10件の依頼を受けることができました。これはポータルサイトの恩恵もさることながら、やはりコロナ葬を受け入れたからこそだと思います。ポータルサイトでは、どの葬儀業者も表立ってコロナ葬を受ける、受けないという区別を表示していませんでした。最初から断ると明らかな差別だからです。

しかし実際は、コロナ葬を受け入れられる葬儀業者はほとんどありませんでしたから、当然ポータルサイトとしては問い合わせがあったときに困るわけです。

そんなとき、コロナだろうと何だろうと受け入れてくれる会社があると分かっていれば安心です。ポータルサイトとしてもメリットがあるということです。

ただし、10件すべてがポータルサイトからの送客ではありません。地元に浸透するには長い年月がかかるといっても、何もせず手をこまねいているわけにはいきませんでしたので、できる限り集客の施策を展開していました。

まず地元の病院と提携しました。コロナでも対応すると伝えたら、すぐに4件のオーダーがありました。実は病院側も困っていたのです。遺族もどうしていいか分からず、自分たちで葬儀業者を探そうにもコロナだと引き取りに来てくれません。ただでさえ大切な人が亡くなって落ち込んでいるときに、葬儀業者をしらみつぶしに探し回るほどの気力は奮い起こせません。そこに、車で5~10分くらいの距離にある葬儀業者が引き取りに来てくれるわけですから、ありがたい存在として私たちは重宝されたのです。

コロナ葬儀にも波がある

２０２１年1月に会社を設立し3月から事業を開始して、最初の1年は瞬く間に過ぎ去ったという実感です。２人でスタートしましたが、案件が増えるのに伴って社員数も増やし、２年経って15人になりました。会社として順調な滑り出しができていると感じています。

この2年間、コロナ禍は収束するどころか波が来るごとに勢いを増し、２０２２年に入るとその波は感染者数も死亡者数も過去最多を記録しました。コロナ葬を受け入れて分かったのは、コロナ感染拡大の波とは別にコロナで亡くなる人にも波があったことです。感染拡大の第1波、第2波とピークが来た2〜3週間後くらいにコロナ葬儀の依頼が急に増えるのです。公式発表ではなく私の実感ですが、おそらく感染拡大から2〜3週間ほど遅れて亡くなる人の波が来ています。

私たちはずっと気を抜かず、ピークがきて感染者が増えたら、自分たちが感染しないよう厳重な防御態勢に入りました。また感染が落ち着いてきたといっても安心せず、今度は死亡者数が増えだすので、ここからが本番だぞと、一段階気持ちのギアを上げるようにしました。実際、私たちの会社では２０２２年2月の1カ月間で16件のコロナ葬を実施しました。

1カ月に16件と聞くと、2日に1回の計算ですからなんとかなるというようにも思えますが、実際には1日に3件コロナ葬が集中することもあったり、1件対応をしている最中に次のコロナ対応の電話が入ってきたこともあったりで、非常にあわただしく気の抜けない毎日でした。発表された都内のコロナ死亡者数が6人だった日、私の会社のコロナ葬は3件だったので、東京の半分を受けているのかなどと思ったものです。もちろん10人亡くなっていてもうちには一件もこなかった日もあるのでエリアで変わってくるのですが、コロナ対応できる葬儀業者がいかに少なかったかということが今でも実感として思い出されます。

私が自身の経験をもとに指摘したいのは、医療施設を感染症指定医療機関とそうでない病院に区分した際、感染者が亡くなった場合に対応できる葬儀業者のリストを作っておく

国内の感染者数（１日ごと）

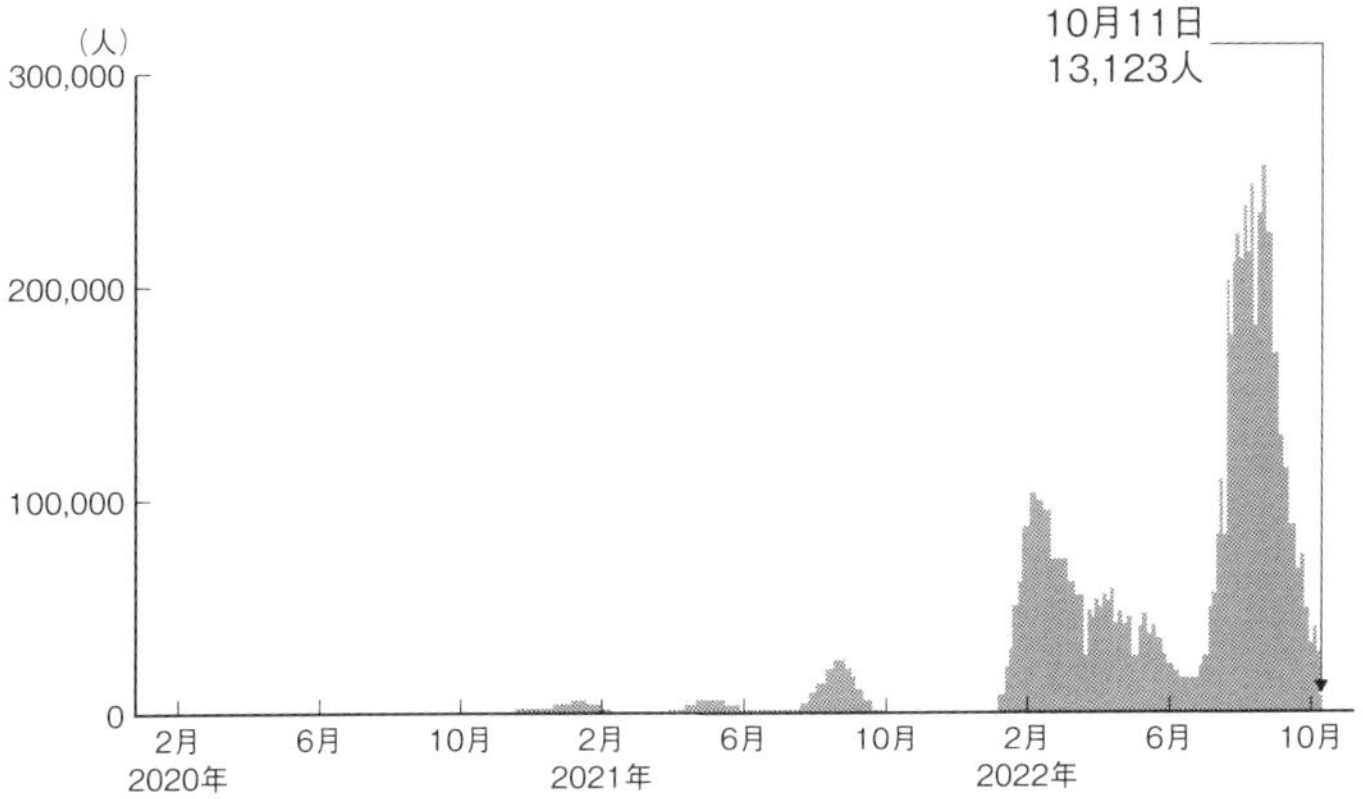

国内の死者数（１日ごと）

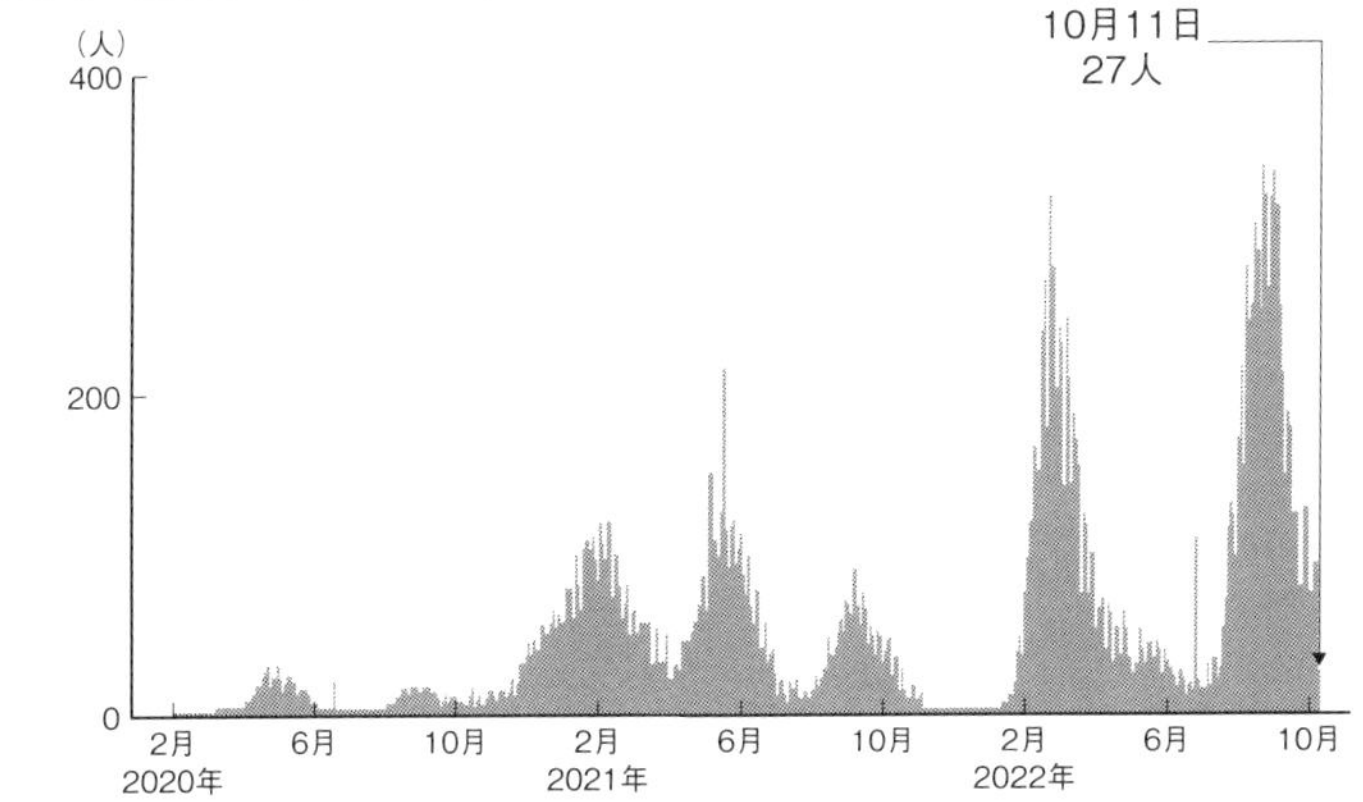

10月11日23:59時点
クルーズ船を除く・ただし帰宅後の感染確認は含む

NHKのデータを基に作成

ことはできなかったのか、ということです。

コロナ感染者が病院で亡くなったとき、遺族が最も探すのに困ったのが葬儀業者です。悲しみに暮れている最中に何件も電話をかけ、どこからも断られ、どうすれば良いか分からず途方に暮れた挙げ句、結局数少ない特定の業者に全員が行き着くのであれば、その無駄な労力をかけなくて済むように工夫できたはずだと思います。

こうした準備をするのはコロナ禍が落ち着いた今からでも遅くありません。感染症に限らず東日本大震災のような未曽有の災害が起きたときに備え、仕組みづくりを進めておくのは必要なことです。せめて遺体感染管理士の資格者がいる葬儀業者の情報を把握して、誰でも知ることができるようオープンにしておく必要があります。

自宅でコロナ感染死＆家族全員濃厚接触者の自宅葬

感染拡大の波がそれまでとは比べようがないほど大きくなった２０２２年は、やはり私の会社が請け負うコロナ葬の数も増えていきました。そうしたなかで一筋縄ではいかない、葬儀の意味を根本から考えさせられるような難しい案件も増えていきました。

2022年11月にコロナに感染して亡くなった90代の女性の葬儀を私たちが取り仕切りました。埼玉県久喜市の自宅で在宅医療を受けていた最中にコロナに感染し、自宅で家族に看取られながら息を引き取りました。そもそも病気で病院に長期入院していてそろそろ死期が近いと家族は悟ったそうです。そのとき、家族はこのまま病院で亡くなったら志村さんのように扱われて、家族が納得のいく葬儀と見送りができなくなってしまうのはなんとしても阻止したいと、医師の反対を振り切って半ば強引に在宅治療に移行することにしたのです。

コロナに感染してから亡くなるまでの1～2週間、医師や看護士が往診に来る際、玄関で防護服に着替えて診察や看護をし、外に出てから防護服を脱いでいたそうです。横浜港でのクルーズ船集団感染の報道で見たようなものものしい防護態勢だったと遺族は私に語ってくれました。

あと何日かで亡くなりそうだというときになって地元埼玉の葬儀業者に相談しようとしたもののどこも引き受けてくれませんでした。埼玉県内で5～6社たらい回しにされた末に、エリアを広げてネット検索して私たちの会社を見つけたのです。

私の会社に連絡があったのは亡くなる直前でした。自宅葬となるとドライアイスの交換などで毎日最低一人スタッフが訪問する必要があります。東京の西側の日野市と埼玉の北にある久喜市は直線距離で80キロ、電車で2時間、車でも1時間半以上かかります。行って帰ってくるだけで半日取られ予算も通常以上にかかりそうだと説明すると、それでも依頼したいとのことでした。志村さんのようにただ遺骨を待っているだけの状況ではなく、葬式は絶対したいと希望を受け、私たちも承諾しました。そして、半日後に女性が亡くなったと報告がありました。

私が特筆したいのは、この家族が女性の亡くなる前から葬儀業者を手配しようと準備したことに加えて、自分たちのやりたい葬式の形を明確にもっていたことです。つまり、家族が皆で「おばあちゃんを見送りたい」という気持ちをしっかりと固め、志村さんのケースのようになるのを阻止したいと強い意志をもって、女性の生前から動いていたのが私たちのところまでたどり着けた最大の要因だと思います。もし亡くなってから探し始めていたら、おそらく実現できなかっただろうと思います。いくら厳冬期で、しかも慢性的な火葬場不足で火葬できるまでに1～2週間かかるとしても時間的かつ精神的な余裕はなかったはずです。

敷地内に2棟家が建っていて、そこに親族数世帯が住んでいました。核家族ではなく、昔ながらの大家族だから、きちんと弔いをしたい、焼き場に連れて行かれて火葬だけという流れではなく、棺に供花してしっかり見送りたいと揺るぎない意志をもっていたのです。

落ち着いて考えてみれば、見送る側の家族としては当たり前の気持ちだと思います。しかし、当時はそうした当たり前のことが全然できない空気が支配していました。葬儀を営もうとしても葬儀会社は受け付けてくれず、式場も場所を貸して協力してくれません。それで仕方なく自宅葬ということになったのです。その話を聞いて私は本当に悲しくなりました。亡くなったときこそ頼りになるはずの葬儀業界のこうした対応は冷酷であり、顧客からの信頼を大きく裏切る姿勢のように私には思えてならないからです。

素手で遺体を触ったことに驚き、「人間らしい扱い」と泣いた遺族

久喜市の遺族は女性が自宅で亡くなる1週間から10日前の頃に訪問看護師が完全防護で家に入ってきた様子が相当ショックだったようで、当然、私たちも同じような対応をすると予想していたそうです。ところが、私がワイシャツに白衣とマスク姿で普通に入っていき、女性の遺体に素手でドライアイスの処置をしたのを見て、あまりの対応の違いに驚いていました。

「素手で触っても大丈夫なのですか?」と尋ねる遺族に私は手から感染するわけではないので素手で触っても心配ないことを説明しました。すると遺族である娘さんが突然泣き出したのです。

「うちの母に素手で触ったくらいで感染しませんよね、それなのに皆で母を危険なもののように扱って……許せなくて……」

病院側の対応も明らかにやり過ぎだったと私は思います。近所の目があるなかで、仰々

しく防護服を着て出入りしたら、その家族に変な噂が立つのではないか、といった配慮がなかったのは非常に残念です。

その家族も私が行くまでは間違った対応をしていました。例えば、私が行ったときには窓を開け切って換気を良くしていたのはいいのですが、扇風機も回していたのです。換気のために回していたのだと思うのですが、実は残留ウイルスを上昇させるだけなのでやってはいけません。そっと安置しておいてあげれば、残留ウイルスはおとなしくしているのです。

最大の課題は二次感染を起こさないことです。これは保育園葬のときと同じです。孫が近づいて遺体に触ったり、最後にお別れしてあげたりしてもいいけれど、その後は必ず手洗い消毒してから家に帰る、要は遺体を触った手でそのまま自分の口や目に触れないというポイントはしっかり守らなければいけません。飛沫感染はしないけれど残留ウイルスがいる可能性があり、特に顔はリスクが高いからです。

幸いにも参列者は家族だけであり、大家族といえどもせいぜい15人程度だったので、問題なく行動制限は徹底できるという確信がありました。故人の孫に当たる40代の女性が、

60代後半と思われる両親に代わって喪主を務めました。

家族だけで通夜をして、翌日の葬儀に僧侶を呼びました。もちろん防護服ではなく普通の袈裟姿です。事前にきちんと資料を持って説明し、絶対に感染しないと理解してもらったうえで来てもらいました。

火葬場でも制限はありました。コロナ死の場合、時間外でないと入れませんでした。病院の発熱外来と同じで、通常の遺体と分ける考え方です。遺体は棺に入れられていますし、さらには納体袋にも納められています。もちろん焼却すればウイルスは死滅するので分ける必要はありません。そういった制限はあったにせよ、9割方諦めていたなかで望んでいたような葬式ができたことに、遺族は満足してくれていたと思います。

保育園から再び依頼を受ける

2022年11月、私の携帯電話に一本の電話がかかってきました。電話の主は、私が前の会社で2度目のコロナ葬を行った保育園の理事長でした。2020年12月に亡くなった父親に続き、今度はその妻、つまり自身の母親が亡くなったので葬儀を依頼したいという連絡でした。

前回の葬儀のあと、いくつものコロナ葬を行ってきたなかで、あのときの葬儀は今どう受け止められているのだろうかと気になり始めていたタイミングでしたので、2年ぶりの電話をもらえたうれしさは、あれで良かったのだと自分のなかで答え合わせができた思いでした。そして、今回の葬儀も前回の保育園葬と同様に、二次感染者を出すことなく無事に終わりました。

葬儀業者にとって、リピート客は前の葬儀からの時間が長ければ長いほどうれしいものです。2年以上経って、「またやってくれませんか？」と言われると、まだ覚えていてくれたのだと感動します。一生に1、2度しか使わないようなサービスの担当者の名前どころか、会社の名前すら覚えてもらえず、あの辺の葬儀業者だったよね、となるケースが大半のように思うのです。

私の場合は5年以上ぶりという顧客も少なくありません。前の会社時代の顧客から電話がかかってくることも多くあります。創業して最初の月の10件のうち、病院とポータルサイトの紹介以外の1件は前の会社時代の顧客です。

ただし、葬儀業者の経営者の立場からすると、従業員個人の携帯電話で顧客とやりとりするのはどうかと思います。その従業員が終身雇用で定年退職するまでいてくれるならよいのですが、転職してほかの葬儀業者に行ったとき、顧客をもっていかれることになるからです。よほど会社がダメで、その従業員しか顧客からも信頼されていないというのであれば仕方がありませんが、本来葬儀業者のサービスは従業員によって変わるものではないはずです。

松戸から霊柩車で日野へ

2022年の12月、千葉県松戸市に住む女性からコロナ葬の依頼を受けました。60代の夫が急死し、松戸東警察署で検死をした結果陽性だったのです。直接の死因は心不全で、結果的に陽性反応が出たのですが、警察から紹介された葬儀業者には断られました。家族は、故人が納体袋に入れられたまま火葬されてそのまま遺骨が家に届くのを待つだけというのは耐えられない、普通に葬儀をやりたい、納体袋から出してあげたい……と切望していました。

この案件も、葬儀ポータルサイトの担当者から私の会社に対応できるかと電話がきて、受けることにしたものです。千葉と日野ではエリアがまったく違いますが、依頼した女性からすれば藁にもすがるような気持ちだったのだと思います。そんな彼女の気持ちを汲んだポータルサイトの担当者が、私の会社なら対応できるはずだと考え、依頼が届いたのです。

私は依頼のあった家族に対し、日野に来てくれるなら要望する内容は全部できると伝えました。今回は自宅葬ではないので葬儀場を借りる必要がありましたが、私の会社には松戸にネットワークがなく、一からリサーチする時間的余裕もありません。日野エリアまで来てくれさえすれば、こちらではコロナ葬に対応できる式場も、宗教関係者も押さえてありますので、はるかにスピーディーで確実だと判断したのです。

火葬は本来それぞれの地元でというのが通常のルートです。葬儀は日野でやって、火葬は松戸でというのは移動の時間を考えても非現実的です。ただし、日野の市営火葬場は当時日野市民以外のコロナ感染死亡者の火葬を受け入れていなかったため、火葬場は日野の近くの府中市の民間火葬場を使うことにしました。

遺体は軽タイプの霊柩車で松戸から日野の式場まで運び、家族は前日に乗り入れ、そのまま式場で泊まってもらうという、一泊二日の行程でした。イレギュラーな日程の葬儀でしたが、家族は案外平気な様子で、日野であればまったく問題ないと言っていました。確かに考えてみれば、遠い地方の親戚の葬儀であれば前日に乗り入れて泊まりがけで参列するのは普通です。しかし、終わったあとの家族の表情は明らかに疲れていました。

具体的に見れば前日の午後2時か3時に日野まで来てもらい、その日は説明をして終わりで通夜もしなかったのですが、実際は遺体の付き添いをしているため遺族は寝ていないのです。翌日は昼過ぎくらいからの式で、火葬が終わったのが午後5時くらいでした。その後に家族は松戸まで帰らないといけないのですから、まさに弾丸ツアーのような強行日程です。

遠方の親戚の葬儀のために泊まりがけで行くのであれば参列するだけで済みますが、今回は喪主側なので精神的、肉体的疲労はまったく違います。葬儀業者探しで断られ続けたストレスも相当蓄積されていたようでした。当日は僧侶に読経してもらい、エンバーミングもしてあったので、納体袋から出して最期のお別れもできました。終わったあとに「ありがとう、良かったです」と感謝の言葉を掛けていただきました。しかし、遺族の顔からにじみ出る疲労の色は濃く、なぜ松戸の葬儀業者はやってあげなかったのだろう、松戸でやってあげればよかったのにとの思いが募りました。

コロナだから仕方ない、コロナでなかったら普通にやっていたというのは、言い訳にすぎません。私たちは工夫して、なんとか家族の望むような葬儀を実現できたのです。コロナ葬を受け入れなかった葬儀業者とその関係者は、自分たちの無知と怠慢を遺族に押し付けていたのだと言わざるを得ません。

第4章
人は誰でも人間らしい葬儀を受ける権利がある
コロナ禍で浮き彫りになった業界の課題と葬儀のあるべき姿

葬儀業者には資格がいらない

コロナ禍では、何件も葬儀業者に電話してはことごとく断られて、やっと私のところにたどり着いたという人が多くありました。そうした依頼を受けることは私たちにとってはうれしいことですが、ここに今後の課題が浮かび上がってくるように思います。行政がいざというときのリストやフォーマットをしっかり作っておいてあげれば、家族はこんな大変な思いをせずに、要望どおりの葬儀ができる業者を選ぶことができます。なぜ業界としてそうした対応ができなかったのか、いまだにできないのか、実際のところは分かりませんが、私の推測では葬儀業者が登録制ではないからです。

葬儀業者は営業するために資格はいりません。霊柩車による遺体の搬送は国土交通大臣の許可が必要ですが、葬祭業自体は携帯電話と名刺を持って「葬儀業者です」と名乗れば今すぐ誰でも営業活動ができるのです。だから電話一本で、すべて外注で行っているフリーランスの業者から、自前の車と霊安室と安置場所を確保している業者まで、多くが混在しています。行政としてはその実態を個別に把握・管理できておらず、今回のような非常事態に対応できるところとできないところを区分けしようにもできなかったのだと思われます。

ありていに言えば、「まずい人」が葬祭業をやっているケースが少なくありません。ここでいう「まずい人」とは、葬祭業の地位や名誉を毀損《きそん》するような人という意味です。そうした人たちを排除・管理するためのフィルターとして機能する資格や認定制度がないのです。

介護業では制度をしっかりとつくっています。介護業を担うにあたっては行政に届け出て、管理者を立て、登記簿を提出して、事務所も内見して監査が入ってようやく事業を開始することができます。

生きているか死んでいるかの違いはありますが、生身の人間を扱う仕事という意味では介護も葬儀も同じです。だから葬儀もせめて登録制にしたらよいというのは一般の人でも分かる理屈です。しかし、なぜそうならないかというと、葬儀は単なる冠婚葬祭業の一部だと認識されているからだと私は思います。結婚を担うウエディングプランナーも、民間資格で国家資格ではありません。事業者登録も必要ありません。それと同じだとされているのです。

しかし、どう考えても結婚式と葬儀は違います。例えば結婚式は延期できます。籍だけ入れておいて、披露宴はコロナ禍が収まったあとに盛大にということができるのです。ところが、葬儀は延期できません。人が亡くなることを止めることはできないのです。死亡届だけ出しておいて、式はあとからやろうというわけにもいきません。大切な人を亡くした悲しみは、すぐに癒やしてあげなければならないからです。さらに、今回のコロナ禍で衛生上の問題も浮上しましたので、今こそ法整備を進めてもらいたいと強く願います。

お客さまがやりたいように、が会社の理念

「お客さまがやりたいように」というのが私の会社の理念です。家族が亡くなったら葬儀はやらないといけないというイメージがありますが、決して強制ではありません。故人が亡くなった事実を届出義務者が知った日から7日以内に提出することが法律で義務づけら

れてはいますが、葬式を行う義務はないのです。

葬式はあくまでも社会の慣習で、法律で実施の義務が定められているものではありません。火葬や埋葬の方式についても、法律では定められていません。近親者がいない場合は最終的に自治体が火葬し遺体処理をします。

それでも、多くの顧客から火葬だけだとまずいのか、寺で戒名をもらわないとダメなのか、喪服を着ないとダメなのかなどとよく聞かれます。葬儀とはこういうものだという先入観に凝り固まっているのです。しかし私の考えは「お客さまがやりたいように」です。

実際私たちは、顧客がどんな弔いやお見送り、葬儀をしたいかを最初にヒアリングします。それに沿ってプランニングしていくのです。私の会社のホームページなどにある火葬式や直葬式、一日葬、二日葬という葬儀プランはひな形にすぎません。おおむねそこに収まると想定される内容の組み合わせを載せているだけなのです。ファストフードのメニューとは違います。テリヤキバーガーセットを頼んで飲み物を決めればそのまま出てくるというものではなく、そのプランを選んだ思いや背景もきちんと聞かせてもらって唯一無二の式を計画します。

極論をいえば、葬儀をやるべきだという前提で提案しませんし、提案をしても顧客の意向や立場を聞いたうえで適切なプランニングをしたいと考えています。

戒名もいらない、喪服も着たくない、それらは必要なのかと顧客に聞かれたら、まず顧客がそう言っている背景を聞きます。もしその人が父親を10年前に亡くし、今回は母親の葬儀であるなら、今後喪主になることはしばらくなさそうです。そして間もなく定年で、仕事の関係で葬儀に出ることもないだろうと分かれば、この葬儀をするためだけに一着何万円もする喪服を用意することの是非を判断しやすくなります。

もし、「うちの息子が祖父の葬儀で喪服がないけれど買ったほうがいいか？」と聞かれたら、息子さんの年齢を聞いて、学生でもなく働いているのであれば、体の成長も止まっているし、これから社会人として葬儀に参列する機会もあるはずだから買ったほうがいいだろうという助言ができます。

また家族葬で5、6人しか参列者がいないという背景で、喪服がないけれど買ったほうがいいのかと家族に聞かれた場合は、そのあとに喪服を着るタイミングがなさそうであれば、黒っぽい服で済ませるという提案を返します。その分の予算を家族での会食などに使うこともできるのであって、それは遺族の気持ち次第です。
大事なのはその人の立場に立って、その人の思いを汲み取って最適な方法を提案することです。

顧客が恥をかかないようにすることも大事

顧客のやりたいようにといっても、わがまま放題にやってくださいという意味ではもちろんありません。葬儀はフラットではありますが、フリーではないのです。大事なのはマナーを踏まえたうえで、どう選ぶかということで、TPOを説明して判断してもらったうえで、最大限の自由を提供するということです。

例えば、火葬場には喪服でないと入れないというルールはありませんが、喪服でない人は周りが全員喪服だからかなり目立ちます。黒っぽいスーツと喪服は並ぶと一目瞭然で黒色の質が違うからです。そこまで説明して、社会性や見てくれは気にしないというのであれば必要ないという答えになります。しかし、みっともないと思ったら、たった一回の葬儀のためでも喪服を買いに走るべきです。

一人の人間が葬式に参列する機会はそう多くはなく、まして喪主になることは一生に一度あるかないかです。多くの人にとって、葬儀のＴＰＯは分かっているようで案外分からないものです。したがって、私たちが僭越《せんえつ》ながら顧客に教えるという立場にならざるを得ない場合があります。

葬儀も好き放題にやれば結果的に恥をかくのは遺族です。それは私たちの本意ではありません。立場や背景を聞いたうえで、葬儀のＴＰＯを引き合いに出しながら、自分はこう思いますと伝え、あとは選んでいただきます。

花もしかりで、喪主の花は大きくなければいけないのか、小さくてもいいのではないかとよく聞かれます。一概にどちらがいいとはいえませんが、例えば故人が経営者で、取引先など会社の関係者が１００人、２００人と参列する場合供花もたくさん来ます。もし2万円くらいのお花を出す人がいた場合、喪主の花が1万円くらいの小さな花だったら「喪主の顔をつぶしてしまった、そんなつもりじゃなかった」とかえって送ってくれた相手を恐縮させてしまいます。そうならないよう、少し豪華な花を出したほうがいいのではと提案します。逆に家族葬なのに5万円も10万円もする花を出そうという人には、予算に限りがあるのなら1万円くらいの花だけでいいのではと伝えます。それが、葬儀業者が本来もつべき気配りというものです。

AI時代だからこそ適切にアドバイスできる葬儀業者が必要

葬儀業者が本来もつべき気配りといっても、私の会社ほど細やかに要望を聞こうとするところはあまりないようです。私の会社では葬儀の打ち合わせは資格をもった1級葬祭ディレクターが担当し、スタッフは相談員という立場で顧客と打ち合わせをします。

ネット葬儀といったものも出てきていますが、これらはすべてパッケージになっているので、こんな祭壇でこんな備品が付いてくるという一方的な説明しかありません。要望を聞いて提案するというフローがないのです。

そのためネット葬儀に対応する葬儀業者は打ち合わせ経験の少ない新人をあてがうことが多く、顧客から質問がなければ進んで提案はしません。余計なことをしなければ時短になり、結果コストが抑えられるからです。パッケージの内容をそのまま説明して、サインをもらって30分くらいで帰ってしまいます。

一方で、経験豊富な葬儀担当者でも必ずしも顧客に寄り添った対応をしているとは限りません。よくあるのが、このエリアはこんなやり方ですと言い切るパターンです。喪主はこういう花を出すのが一般的ですと言い切って、家族の意向を入れる余地を与えません。花の出し方、順序、値段などすべて世の中で共通して決まっているかのように提案します。

昔は伝統や風習として葬儀のマナーなどが受け継がれ、結果的に多くの人が知識を身につけてきたと思います。村の誰かが亡くなれば村中みんな集まって準備から片づけまで一緒にやるなかで、自分の番が回ってきたときにどうすればいいかも自然と学ぶことができたわけです。

しかし、今は多くの人にとってそういう機会が失われています。だから、いざ自分が喪主をしないといけなくなった場合に、業者の示す料金表だけを前にしてどうしていいか分からなくなってしまい、ことによっては業者の言いなりになってしまうのです。葬儀業者が、そうした顧客の無知に付け込んでいるという言い方もできます。

私の理念からすれば、そういう押し付けのような葬儀をするなら葬儀業者に人間はいりません。利益と効率を重視する業者の都合で押し通すなら、すべての対応はＡＩや自動ツールで事足ります。私たちが介在する必要はありません。私たちの存在意義は、顧客の迷いや不安を汲み取って、それを解決できるようなアドバイスを柔軟に、適切に行うことにあります。会社の側であらかじめ固定した、いつでもどこでも共通の正解を答えることは、もはや人間がしなければならない仕事ではないのです。

要望に対して、想定される状況を経験と実績に基づいて検討し、最良と思われる提案をして、相手の判断を仰ぎ、場合によってはその判断が妥当かどうか意見をし、実現のためにはどうすればいいかをケースバイケースで考えるといった、細やかな対応こそが我々の仕事です。要望を聞いて応えるだけでなく、こちらの都合を押し付けるのでもなく、相手の立場に立って必要なプランをつくり上げていくことができてこそ、葬儀業者として存在する価値があるのだと思います。

今の葬儀業者に足りないのは「自分の家族だったら？」という視点

今、業界に対する私の不満を一言で言い表すとすると、「自分の家族だったら」という視点が絶対的に足りないということです。自分の家族が亡くなったら、自分が喪主だったら、果たしてその葬儀でいいのだろうかと顧客の立場で考えるというのがこのビジネスの基本です。

コロナ葬で防護服を着ていこうとするのも同じで、あのものものしい格好で出入りすることによって、遺族がどんな思いをするのか、まっとうな想像力と常識をもって考えれば、そんな格好は適切ではないと分かるはずです。しかし、会社でコロナのときの対応について決められているから従うほかないという思考停止が、その不適切な行いを平気でさせるのです。

コロナ禍では世の中全体が思考停止に陥ってしまいました。医療側にも顧客の立場で考えるという意識がほとんどありません。ホームページや広告上では「お客さまに寄り添って」「患者の立場に立って」といったことをうたってはいるけれど、結局は病院や施設ごとのルールに固執してしまっていて、病院や医師、看護師個人としての考えがないのです。

先日、とある病院で防護服の着用を指示されたことがありました。私がここで防護服を着ることは感染予防上意味がないと説明しても、看護師は病院のルールなので従ってくださいと言うばかりです。

本来、看護師ならそれがどんな無意味なことか分かっているはずです。しかし、常識よりも組織の都合を優先してしまうのです。皆がそうやってルールに縛られて、相手や一般常識のことを考えられなくなったパンデミックの状況は本当に異常でしたし、しばらく時間が経過した今も根本的には変わっていないと思います。

今の日本社会は他人に厳しくなり過ぎです。優しさや思いやりというのは広告のうえにだけあって、実際に手に入れようとすれば自分で探すしかありません。

私たちが出会った、埼玉県久喜市の自宅葬の家族はコロナ禍であっても普通の生活をしていて、老いた母親を在宅で看病し、最期を望みどおり家で迎えました。だから普通に葬儀をしたかったのにルール上ダメだと言われてしまい、家族の立場からすると病院にも行政にも葬儀業者にも思いやりのかけら一つ感じられなかったことと思います。その思いやりが欲しければ、自ら探してお金をかけて手に入れる必要がある、今はそういう社会構造になってしまっているのです。

日本は、高度経済成長期の勢いのままで、その後のバブル崩壊もなく突っ走っていたら、今頃すごい技術の進歩で世界をリードする国になっていたはずです。当時はとにかくやってみることを良しとされた時代でした。新しいこと、人がやらないようなことをすれば当然問題も出てくるだろうけれど、それを改善しながらどんどん前へ進もうということが許された時代でした。しかし今の社会は、やるのはいいけれど失敗は許さない、いかなるミスも許さないという風潮が時代の空気として強く存在します。

そういう風潮は、医療業界や葬儀業界にもはびこっています。自分たちで窮屈なルールを決めて、そのとおりのことだけをすればよしと、思考停止しているのです。行政側も責任を追及されるのが嫌だから、コロナ対策のマニュアルも非常にあいまいなものしか出せませんでした。おかげで葬儀業者によって解釈が分かれてしまったのです。

式場や火葬場の受け入れ拒否という理不尽

コロナ禍での式場と火葬場の受け入れ拒否も私には解せない判断でした。なぜ、コロナで亡くなった人の受け入れが難しいのかと私は式場にも火葬場にも直接聞きました。納体袋に入っていて外側が消毒されていれば感染リスクがないと厚労省も言っているし、その外側にまた棺というガードがある状態なのに式場に安置することのどこに感染リスクがあるのか私がただすと、式場や火葬場の人たちは「家族に濃厚接触者がいるかもしれないし、職員への感染リスクがある」などと言うのです。

しかし、コロナで亡くなった人の家族がただちに濃厚接触者であるということにはなりません。例えば、病院や介護施設で亡くなった場合、家族とは別居をしていたわけですから、濃厚接触者には当たりません。そういった個別の事情はいっさい無視なのです。逆にコロナ死以外の葬儀で一般の人が式場を借りて家族や親族が集まった場合、濃厚接触者がいないとなぜ言えるのか、厳密にやるのであればどちらも参列者の陰性証明書が必要なはずです。

　誰が濃厚接触者で誰が感染者か分からないのに、コロナで亡くなった人にだけ式場は貸さないというのは明らかにコロナで亡くなった人に対する差別です。感染症で亡くなった人は葬式をしてはいけないという法律はありません。

　火葬は本来24時間以上経たないと行ってはいけませんが、2類感染症に関しては感染予防の観点から24時間以内に火葬してもいいという法律はあります。しかし、24時間以内に火葬しなければならないということではないのです。したがって、病院の霊安室から火葬場に直行して火葬を急がせる理由もありません。すべてに法的根拠がないのです。このようなことを、公営斎場が平気でやっていたのです。つまり、行政が一般市民の葬儀の機会を強制的に奪っていたということになります。

　日野市営火葬場では、2023年5月時点で、日野市民、日野市外住民の区別をせず、火葬の受け入れを行うという方針になっています。しかしその前は感染症法上の火葬許可証を渡したとき、感染症の欄にチェックが入っていると日野市民以外の方は火葬できませんでした。ルールだから仕方がないという言葉には、そう言って拒絶された人たちへの優しさや思いやりはいっさい感じられません。

何か、既存のルールで対処できない状況で親族を亡くした人から助けを求められたら、そのためにどういう方法があるのかと、私たちは全力で考えなければなりません。そのために普段からさまざまなケースを考え、可能性を広げておくことはとても大切です。

例えば、日本に旅行中のアメリカ人が日本で亡くなったから火葬しないで遺体のままアメリカに持って帰りたいという案件が、待ったなしで飛び込んでくることもあります。そんな時、私たちは分かりましたと言うしかありません。なぜなら葬儀のプロだからです。そして電話を切ってから、どうしようと考えるのです。絶対アメリカに遺体のままで帰してあげたい、ではどうしたら帰せるのか、絶対に方法はあるはずだとあらゆる可能性を探って、とことんできる方法を追求します。

いつも、私たちは顧客の願いに対して親身になって寄り添い、できるだけノーとは言いたくないのです。予算の兼ね合いさえつけば、なんとかなることは多いのです。だから、まずは顧客の話を聞いて精いっぱい考え、そして動きます。仮にできなかったとしても、要望に100％応えられなかったとしても、その姿を見てもらうことで顧客は納得して、そこまで努力し試行錯誤したことを喜んでくれます。時には涙を流して、それによって癒やされ、救われもするのです。

できるかできないかではありません。とにかくやるのだという姿勢と誠意を見せることが弔いです。ですから最初からできないと突き放すのは、葬儀業者の義務を放棄しているのと同然なのです。

同業者から寄せられた批判

葬儀業者である以上、どんな葬儀でも受けるべきだというのが私の考えです。だからこそ、コロナで亡くなった人も分け隔てなく受け入れてきたのです。私たちのそうした方針を理解できずに、批判してきた同業者もいました。世の中が自粛に励んでいるのに、葬儀をするのはけしからんというわけです。わざわざコロナ葬をうたって顧客を奪うのは卑怯だ、そこまでして儲けたいのかといった意見です。冷たい視線をひしひしと感じました。

組合の存在も大きかったと思います。組合はコロナ葬をやらないと早くから決めており、加盟している業者は組合の方針に従わねばなりません。私たちは組合に入っていませんが、非組合の業者のなかでもコロナへの対応は分かれていましたから、やはりコロナ葬をやっている葬儀業者は組合から目を付けられていました。

私はそのようなしがらみが煩わしいため、組合には入っていません。入っていれば、コロナ葬はどんなにやれると確信していてもできませんでした。一部だけがやっていれば、顧客からやっていない業者が責められてしまいますから、迷惑だというわけです。

批判ばかりする人は厚労省のガイドラインすらまともに読んでいないに違いありません。もっとも、読んだところできちんと理解し可能性を模索しようとは考えないだろうと思います。それは最初からやりたくないという気持ちがあるからです。リスクを冒してまでコロナ患者の葬式などやりたくないのに、それをやっている業者がいるから、納得できなくて攻撃してくるのです。

コロナ葬に対する場当たり的な対応や、ガイドラインを無視した過剰な防護服着用などによって、「葬儀業者は葬儀のエキスパートである」というこれまでの世間の共通認識が虚像だったことが露呈してしまいました。葬儀業者が本当に葬儀のプロなら、正しい対策をもとに、どんな葬儀をも受け入れる努力をしてしかるべきでした。

一般消費者からすれば、葬儀は高いものです。100万円、200万円以上する金額を、何の専門性もない業者に支払いたいとは思わないはずです。葬儀場や火葬場、車の手配をするだけだったら素人でもできますし、実際、葬儀業を営むのに免許などはいりません。電話を掛ければそれぞれの業者は対応してくれます。葬儀業者が受け取っている高額な代金は、その専門性に対する信頼のために支払われてきたはずなのです。

その信頼を葬儀業界が自ら捨てたとすれば、これからは無駄なお金を払いたくないと消費者に思われても仕方がありません。葬儀業界は瀬戸際に立っていると私は思うのです。今こそ威信をかけて改善に取り組むべきです。少なくとも、何があっても葬儀ができると胸を張って言えるよう、日々専門性を高めていかなくてはなりません。

やがて葬儀はなくなる?

かつての葬儀業者のセールストークは、大切な人が亡くなったらぜひ葬儀をしましょうというロジックでした。そういったロジックは人口が少ない地方であれば今でも成立します。亡くなったら次の日には通夜をやって、その次の日には葬儀だから、亡くなった三日後には故人ともう対面できなくなります。だから皆とりあえず仕事も休んで葬儀をやろうとなるわけです。

ただし、これは火葬場の運用に余裕のある環境での話で、今は特に都市部では通用しなくなってきています。親が亡くなって、火葬が来週になるとなれば、不謹慎かもしれませんが、そんなに待つのかとうんざりするかと思います。しかし長いと思うと同時に霊安室や自宅でゆっくり別れの時間が取れるという発想の転換が起きれば、遺族はその時間をたっぷり使って故人との別れを受け入れることができるようになり、葬儀業者が入り込む隙間がなくなるということもあり得ると思います。葬儀をしなくてもお別れの時間が確保されるからです。

葬儀業は、人の感情を扱う仕事だといえます。「あと三日でお父さんがこの世からいなくなってしまいますから、最期にこんな豪勢な棺やお花で送ってあげるのはどうでしょう」というのが葬儀業者のビジネスモデルでした。鉄は熱いうちに打てというわけです。しかし、それがもはや崩れつつあります。一週間、毎日霊安室に来て線香を上げているうちに、遺族の心は落ち着きを得て、すっかり満足してしまう可能性があります。鉄が冷めてしまうのです。だから今後は葬儀が減っていく、それどころかなくなってしまうのではないかと、私は本気で危惧しています。

誰にでも葬儀を挙げる権利がある

感染症だから葬儀をやってはいけない、火葬だけで済ませろという考えは、今の時代にまったく即しておらず、近代科学が発達する前の時代に生きているかのような考え方です。葬儀を営むことそのものが社会から差別されているともいえるのではないかと私は思います。例えば、コロナ禍で打撃を受けた旅行業界を支援しようと「GO TO」などと銘打った割引クーポン付きのキャンペーンは大々的に展開されたのに、葬儀を粛々と営むことは奨励されないのはもちろんですが、むしろ自粛しろとでもいうような風潮だったように思います。身元も知れない不特定多数の人間のなかに飛び込んでいくことが必然的に多い旅行はOKなのに、一定の参列者の身元も明らかで限られた範囲で営む葬儀はなぜNGなのかといえば、葬儀より旅行のほうが社会的に重要であり、皆で旅行に行くほうが経済効果が高いと考えられているからであるのは明らかです。

旅行が盛んになることによって、交通機関、宿、飲食店、土産物店など、旅行業界のさまざまなステークホルダーに経済的恩恵が行き渡ります。しかし、葬儀業界にもさまざまな関係者がいます。葬儀業者、運送会社、式場、生花店、仕出し料理店、皆同じように困窮していたのです。消費者側からしても旅行は今すぐしなくても困りませんが、人が亡くなるのは時と場所を選びません。自粛していても人は必ず死ぬのです。

せめて、他の感染症で亡くなった人は葬儀や弔いができるのに、なぜコロナという病名が付いただけで葬儀ができないのかという矛盾は解消すべきでした。私は誰にでも葬儀を営む権利があると考えています。つまり、人間らしい葬儀をすることは基本的人権の一つだと私は考えます。しかし、コロナで死んだと言われただけでその権利が全部奪われてしまうのは、社会制度における重大な問題です。

葬儀による弔いは、その時その瞬間でしか意味を成さないものです。あとでやろうというわけにはいきません。実際、コロナ禍では先に火葬してから遺骨の前でお別れ会をしようという試みがありましたが、圧倒的に営む人が少なかったのです。東北地方や北海道、九州の一部には、あらかじめ火葬を済ませる骨葬という文化がありますが、やはり文化の違うところで浸透させるのは難しいのです。大多数は遺体があって、棺があって、僧侶が読経して、皆で手を合わせて焼香して、最後に荼毘《だび》に付す、つまり火葬というスタイルが今は一般的です。

亡くなった人を皆で弔うことは人類が長きにわたり培ってきた文化です。非常事態だからやらなくてもいいという程度のものであれば、人類の葬送文化はとっくになくなっていたはずです。疫病や戦争などの大波乱があっても人を弔う行為がなくならなかったのは人間にとって絶対に欠かせない大切な行事であるからです。それが、今回のコロナ禍では経済優先の考え方が強まった一方で、これまで大切にしてきた、弔うという尊い機会がむしろ軽視され、奪われてきたようにさえ私には感じられます。

グリーフケアの本当の意味

なぜ人を弔う行為が必要であるのかというと、人には悲嘆から回復するプロセスが必要だからです。それはグリーフケアといわれるものです。グリーフは悲嘆、ケアは回復支援を意味します。人は動物と違って死を認識できます。大切な人の死による喪失体験によって心が傷つき、深い悲嘆に沈んでからの回復に時間がかかるのです。仏教での初七日や四十九日、一周忌、三回忌といった仏前に集い故人をしのんで読経し合掌するなどの行事はグリーフケアを具現化したものであるともいえます。悲嘆からの回復のなかで平穏な日常を取り戻していくプロセスにはそうした行事による節目が必要だという考えからきています。

傷ついた人の心のケアの仕方は人それぞれで違います。唯一共通するのは、時間と人のぬくもりが必要だということで、もちろん個人差はありますが、仏式だと葬儀のあと、まず初七日を営み、その後は都会では簡略化しているものの地域によっては今でも毎週お参りに集まり、大きな節目は四十九日となります。つまり最低でも回復までそれくらいの時間はかかるということです。

そうした、いわば身内のイベントの際には家族のほかに親戚も集まり声を掛けてもらえます。故人の生前の思い出を語ったり、あるいは自身の近況についても話題を広げたりしながら、時間をかけて悲嘆からの回復を図っていけるのです。遺族は参列者から気遣いの言葉を受ける機会を得ます。そのようにしながら遺族は一歩ずつ踏み出す勇気をもらえるのです。その次は一周忌というようにまた身内が集まって、遺族を中心に故人を悼み、悲嘆からの回復を図るプロセスを重ねることは、とても重要なのです。

こうした遺族に対するグリーフケアの大切さ、そして葬儀のあとに続く身内のイベントが果たす役割の大きさを考えると、たかが葬儀と軽視することはできないはずです。悲嘆からの回復にしっかりとした時間をかけていくことは、人にとって欠かせない尊厳の一部なのです。

しかし、今は直葬や火葬で葬儀を終わらせてしまったがために、グリーフケアのタイミングをつくることができず、悲嘆を回復できない人が世の中にはたくさんいるように思います。

身内が亡くなって何の悲しみもないという人は基本的にいないはずです。たとえどんなに父母を憎んでいて亡くなって清々したと思っていたとしても、亡くなったという事実が厳然として横たわっています。プラスにしろマイナスにしろ、精神的な反動は必ずどこかにあるのです。それをノーマルな状態に戻すためのポイントの一つとして葬儀や弔いがあります。大好きだった人を亡くした人だけでなく、顔も見たくない人を亡くしたときにも弔いは必要です。自分を見つめ直し、本当に自分はそういう気持ちで良かったのか悪かったのか、思考と感情を整理する時間をつくるのが、グリーフケアの本来の意味だからです。

もし葬儀をせずに火葬した遺骨の埋葬も業者任せにしたら、その機会はなくなります。その人がより良く生きるためのチャンスを永遠に失うことにもつながるのです。本人は意識しなくても、無意識の下では喪失感を引きずったまま先の人生を生きていかなくてはならなくなります。その影響は長きにわたってさまざまな形で表に出てきます。

逆にほんの1、2時間だけでも故人をしのぶ時間があれば、その人の心のなかでわずかでも変化が起きる可能性があります。生きている限りは憎しみのほうが先に立っていた人が亡くなって、しばらくの歳月を経ることで「この人がいたから私が生まれてきて、そして今の私がある。死んだからこそ水に流せるかもしれない」というように思い直すこともできます。こうしたことは死別という大きな体験がないと叶いません。人の死には、遺された者が前向きに生きるきっかけにもなるという側面があるのです。

ちなみにグリーフには喪失体験という意味もあります。人が亡くなることだけが喪失体験ではありません。離婚や失業も心理学でいう喪失体験なのです。だから、グリーフケアが必要です。

離婚した翌日から何も変わらず生活に戻れる人はいません。何かが引きずられるからで、回復させるためには時間が必要です。その時間をどう過ごすかが重要なのです。解雇や失業・退職もかなり強い喪失体験になります。心理学的には点数があり、配偶者の死が1番で2番が離婚です（「社会的再適応評定尺度」の表を参照）。実は結婚もグリーフ体験として点数がつきます。独身だった頃の生活を喪失するからです。マリッジブルーは従来の生活を喪失する予期不安のことをいいます。喪失体験とは非常に幅広く、身近なものであって、そんななかでもトップレベルに位置付けられているのが近しい人の死という喪失体験

社会的再適応評定尺度

順位	出来事（ライフイベント）	点数
1	**配偶者の死**	100
2	離婚	73
3	夫婦別居	65
4	拘置・拘留、または刑務所入り	63
5	**肉親の死**	63
6	ケガや病気	53
7	結婚	50
8	解雇	47
9	夫婦の和解調停	45
10	退職	45
11	家族の病気	44
12	妊娠	40
13	性的障害	39
14	新たな家族成員の増加	39
15	職業上の再適応	39
16	経済状態の変化	38
17	**親友の死**	37
18	転職	36
19	配偶者との口論の回数	35
20	多額のローン	31
21	担保・貸付金の損失	30
22	仕事上の責任の変化	29
23	息子や娘が家を離れる	29
24	親戚とのトラブル	29
25	個人的な輝かしい成功	28
26	妻の就職や離職	26
27	就学・卒業・退学	26
28	生活条件の変化	25
29	個人的な習慣の変更	24
30	上司とのトラブル	23
31	仕事時間や仕事条件の変化	20
32	住居の変更	20
33	転校	20
34	レクリエーションの変化	19
35	教会活動の変化	19
36	社会活動の変化	19
37	少額のローン	17
38	睡眠習慣の変化	16
39	親戚付き合いの回数の変化	15
40	食習慣の変化	15
41	休暇	13
42	クリスマス	12
43	些細な違法行為	11

出典：Holmes&Rahe,1967、一部改変
1967年に、アメリカの社会生理学者・ホームズと内科医・レイが5000人の患者を対象に行ったストレス要因を探る調査に基づいて作成。7位「結婚」の50点を基準に点数化したもの。

なのです。

だからこそコロナなので葬式はしなくても仕方ないというのは間違った考え方であると、私は断言します。仕方ないと自分を納得させようとした人たちも、そうせざるを得なかった人たちも、表面的には大きなショックを受けている実感がなくても内心の喪失感は実は大きく、やがて心身のバランスを崩すことがあり得ます。

私が最も影響を懸念しているのは子どもです。父母を亡くした子どもの家族や親族に対して私は、子どもたちの状態をしっかりと注意深く見ておいてほしいとお願いしています。不眠や腹痛などの症状が出やすくなるからです。子どもは自らの思っていることを言葉で表現するのが苦手なので、そのまま体調に影響が出てしまうのです。精神的なものだと、急に外に出たくなくなるとか、塞ぎ込んでしまうとか、一人でトイレに行けなくなるとかが症状としてあります。象徴的なのは親にすごく甘えることです。父親を亡くした子どもは、反動で赤ちゃん返りして母親に甘えたりします。

そうした現象は大人にもあり、本人は自覚しないものの周りが気づきます。夫を亡くした女性が葬儀の打ち合わせをしていたとき、ものすごくテンションが高くなってずっとしゃべり続けていました。女性が手洗いで席を離れたときに、私が家族に聞くと、いつもはそんなにしゃべる人ではないとのことでしたので、明らかにグリーフが表に出てきていたのです。

妻を亡くした男性の場合は葬儀が終わって会社に戻ったりしたあとにとてもイライラしてしまうということが多いようです。こちらも本人にそうした自覚はないけれど、周りの人がそう感じるのです。これは精神的に安定していない証拠で、妻を亡くして間もないので普通にしようとしているけれど難しいのです。それが喪失体験回復の難しいところで、本人は大丈夫だと思っていても、心のなかはそうではなく、回復にはかなりの時間がかかるのです。だから周りの人はよく見てあげてほしいのです。

これが直葬となるとなおさら分かりにくくなります。葬儀を営んでいれば、ある程度人が集まって声掛けをされます。自分は一人ではない、周りにこれだけ気を使ってくれる人がいるのはありがたいと思えることで、グリーフのイライラが治まり、和むものです。直葬でも小一時間家族で集まって、花を手向けたり、故人の話をしたり、集まった人同士で世間話をしたりするだけで気持ちが和らぐことがあります。

葬儀のもつ本当の価値

葬儀離れの一因に葬儀の高額化があります。とにかく立派な葬儀を勧める葬儀業者は必ず存在し、そのために葬儀イコールお金がかかるというイメージに結びついてしまっています。そうしたイメージは壊していかなければなりません。

確かにお金をかければ見た目は立派な葬儀ができます。世間体としてはそれでいいのかもしれませんが、喪失体験はお金だけでは回復できません。むしろお金とは別次元の問題です。だから式をやるとお金がかかる、お金をかけなければまともな葬式ができないという風潮をつくってしまった葬儀業界の罪は重いと思います。これからは、お金をかけなくてもきちんと弔えることを発信していく必要があります。

ただ、葬儀を挙げる遺族の側としても、いかにもお金をかけずに済ませたというような葬儀では、かえって心残りができてしまうという可能性もあります。ですから、葬儀業者はそこに付け込んでお金を使わせようとするのではなく、遺族が納得できる範囲の予算で、最大限、心が救われるような良い葬儀を執り行えるよう努力すべきなのです。私は何百万円もかけるのが必ずしも良い葬儀だとは思っていません。総額10万円、20万円の予算の葬儀でも、見ていて思わず涙をこらえられなくなりそうになる感動的な葬儀はたくさんあります。大事なのはお金をかけることではなく、集まった人に弔う気持ちがあるか、そこに心があるかです。

亡くなった人を弔う気持ちが人間からなくなることは決してなく、なくすこともできません。私は人間のDNAに組み込まれているものだと思っています。ただそこに経済というベールがかかることで、弔うという純粋な気持ちが隠され見えなくなってしまっているのだと思います。

その結果、大切な人の死に向き合い、送り出そうというまっすぐな思いよりも、葬儀は必要ないか、それとも立派にするのか、お金をかけるかかけないか、世間体はどうかといったことばかりが先に立ってしまうのです。しかしそれは間違いです。私のように毎日亡くなった人を見ていると、生きることの大切さを嫌でも実感させられます。人は死ぬからこそ生の大切さを知ることができるのであり、人の死としっかり向き合うことで自分は前に進めるのです。

経済の力で弔う気持ちを見えなくさせているのは資本主義社会のひずみだと思います。会社の生産性が何より大事なことで、社員につながりのある人が亡くなったからといって、いちいち弔いのために仕事を休まれていたら生産性が上がらない、それは会社を大事にしない身勝手だと、そういう考えが社会の根底にあるように私には思えます。

しかし、今回のコロナ禍で一時的に生産活動が止まってしまったとき、果たしてそれは本当だろうかと、ふと立ち止まって考えた人も少なくなかったはずです。そういう疑問をもつきっかけとなった意味では、コロナ禍は悪いことばかりではなかったということもできると思っています。

そもそも経済活動や生産性と、人を弔うことは対極にあるものです。時間についての考え方が正反対で、かたや短時間で効率的に行うことが求められ、かたや必要なだけしっかり時間をとることが求められるものだからです。しかし、今やその「必要な時間」にどんな価値があるかを改めて説明しなければいけないほど、私たちは経済に追われるようになってしまいました。一昔前までは人が亡くなって弔うのは当たり前でした。直葬や火葬式は限られた人、いってしまえば犯罪者や引き取り手のない人たちに対してのみ行うものだったのです。

今は一般葬と家族葬が同じ金額でも、家族葬を選ぶ人が増えてきています。同じ金額なら手間暇がかからないほうを選ぼうという思考に多くの人がなっているようで、葬儀のいわゆるファスト化、時短が進んでいるのです。

しかし、グリーフケアとタイムパフォーマンスは両立しません。悲嘆からの回復には時間がかかります。少なくとも、適切な手間暇が必要です。もし、なるべく短時間で煩わされずに済ませよう、あわよくば葬儀をやらずに済ませたい、という姿勢で形だけ行うのであれば、そこには悼む気持ちも、弔う気持ちもありはしません。それでは葬儀自体が本当に時間の無駄です。

本来、葬儀とは人間力を高めることにもつながる重要な機会でもあります。もちろんつらいこと、悲しいことに向き合うのが難しいのは誰しも同じです。仕事のことなどで心身ともにぎりぎりの状態にあればなおさら苦しいとも思います。

しかし、避けて向き合わないことが正解だとは限りません。向き合うことでより強くなることもでき、また避け続けるよりもしっかり受け止めることで楽になるということもたくさんあります。葬儀は、人間が決して避けられない死と向き合うための、大切な人生の機会なのです。

最近私が残念に思うのは葬儀の日取りが子どもの入学式や卒業式だったりすると「来なくていい」と親が言うケースが多いことです。本来、親族が亡くなったら会社や学校は休むもので忌引として所定の休暇を制度化している会社は少なくありません。また、遺体の保存技術が発達した今なら、葬儀の日程は多少変更できます。しかし、そうしたことすら検討せず、安易に学校行事を優先させようとする人が多いのは葬儀に重きをおいていない証拠です。

しかし、私はそうした多感な年頃の子どもにこそ、人生経験として葬儀に参列してもらいたいと思います。子どものうちに葬儀に参列できる機会はなかなかないからです。多感な時期に人の死に触れさせたくないという考え方はナンセンスであり、むしろ多感だからこそ、人が亡くなることの意味を感じさせてあげるべきなのです。そうしなければ、人の死を実感できないまま大人になってしまい、人の死はもちろん、自分自身の命にさえまっすぐ向き合えない人間になってしまうかもしれません。

葬儀を行い、人の死に向き合うことは、世間体のためでもなければ単に道徳的な問題でもありません。遺された人がその後いかに生き、自分の人生を大切にするとともに人の人生も思いやれるようになるための、重要な教育、経験の機会でもあるのです。

第5章
葬儀は社会を映し出す鏡
「葬儀のニューノーマル」へ、挑戦は続く

「お客さまは何がしたいのか？」から始まるサービス

今の葬儀のビジネスモデルが崩れたら葬儀業者はどのように稼いでいけばよいのかと考える同業者もいるはずです。しかし私からしてみれば、そもそもこれまでの葬儀のビジネスモデルが異常なものでした。葬儀の料金設定が当たり前のように１００万円、２００万円で通っていたこと自体が、ほかの業種では考えられないような話です。

私がホテル業界から葬儀業界に移ったとき、世の中にこんなに利益率の高い商売があるのかと、まさにカルチャーショックを受けました。はっきりいって棺や花はどこでも一緒なのに、地元の葬儀業者でしか葬儀ができなかった時代には会社側の言い値で商売が成り立っていました。けれどもインターネットが普及して、誰でも簡単に価格比較やサービス比較ができる今、同じようなやり方をしていたら成り立ちません。

今の葬儀業界はちょうど事業承継の端境期にあるようで、60代、70代という経営者が多くいます。私が以前に所属していた会社の社長も確か60代半ばです。そういう人は40代の私とは価値観がまったく違います。何百万円も予算をかけた豪華な葬儀で参列者も300人、400人が普通という時代に第一線で活躍していた人たちです。

今後は少子高齢化がさらに加速度的に進むと予想され、独身で子どももなく、親戚も皆亡くなって自分一人だけという独居老人が相当増えていくと見られます。そうなれば、孤独死どころか最期を看取り、葬儀を取り仕切ってくれる人が誰もいなくなる可能性は大いにあります。

誰にも看取られず孤独な最期を迎えるかもしれない——つまり、もはや葬儀をすることが当たり前の時代ではなくなっているのです。

このような時代に、葬儀はやって当たり前、どんぶり勘定でだいたい予算はこれくらい、というような売り方が通用するはずがありません。通りいっぺんの画一的な葬儀プランは、サービスとして成立しないのです。

私は百人いたら百通りの送り方があってよい、と考えています。今の時代は参列者数も予算もバラバラですから、むしろそうならざるを得ません。

決して志村さんの送り方が形式として間違いだといっているわけではありません。家族全員の総意で、ベストの選択だということであれば、私たちは家族の選択を精いっぱい力添えしながら進めていくだけです。夫婦二人きりで親戚も子どももいないけれど、長年連れ添った仲だから葬式くらいやってあげたいというケースならば故人の妻と寺の僧侶だけの葬儀でも、望まれた式になると思います。つまり葬儀は「お客さまは何がしたいのか？」から始まるサービスなのです。

コロナ禍は、そうした多様性のある葬儀にシフトするチャンスだったのだと思います。アメリカでは、ニューヨーク州シラキュースのある牧師が、ウェブカメラを通して葬儀を執り行ったそうです。州によって出された移動制限により、じかに葬儀が行えなかったことが理由です。

私はこうしたスタイルは大いに構わないと思います。コロナ禍でなくとも、海外勤務などで遠くにいて参列することができないとか、足腰が悪くて外出できないという人にとってはベストな選択になり得るからです。実際に私の会社でも、ウェブカメラを使用したリモート葬儀を何度か試しに行ったことがあります。

しかし残念ながら、少なくとも日本ではリモート葬儀が一般に受け入れられたとは言い難いのが現状です。これには心理的な面が大きく作用していると考えられます。読経をする僧侶の後ろ姿をカメラ越しに眺めているだけでは臨場感がなく、故人を送った気になれない……このような意見に共感できる人は少なくないと思います。

しかし、こうした意見はあくまで一般論にすぎず、遺族のためを想って言っているのかについては、疑問に思わざるを得ません。これからの葬儀は業者本意のお仕着せのしきたりではなく、あくまでも遺族の本意で営まれるべきです。

そこで私は、まずは葬式の概念を変えようと考え、2023年6月に「想う式――お別れの大切さによりそうお葬式」という独自の形式を打ち出しました。遺族の皆さんが故人のことを想って考えた葬儀を尊重したい、そういう気持ちを込めています。

これからは遺族自身の価値観で想う式を私たちに話してもらい、メリット・デメリットを伝えたうえで遺族や故人が望むのであれば、それがどんなものであれ、想う葬式の形になります。

例えば直葬や火葬式は、かつて身寄りのない方や経済的に困窮している方に対して行うものだとする見方が一般的でした。しかしコロナ感染拡大の影響で、これらの式の認知度が爆発的に高まり、実際に問い合わせも増えましたが、私はそれでいいと思っています。火葬では料金が取れないと嘆いたところで仕方がありません。一人ひとりが想う大切な人の見送り方は何かを聞かせてもらい、式の希望に沿って私たちがより良くなるような提案をしたいのです。

1時間でも弔う時間を大切にしてほしい

大事なのは、葬儀が大きい小さいではないし、参加する人が多い少ないでもないのです。私がいつも遺族に話すのは、せめて1時間は故人を悼んで弔う時間をつくりましょうということです。

病院から火葬場に直行するとか、火葬の日まで霊安室で待機させて対面できなかったあとで一日だけ見て火葬場に直行するとかいうやり方ではなく、霊安室でもどこでもいいので、家族が集まって1時間くらいは故人に想いをはせる時間をつくってほしいのです。

祭壇も僧侶も、不要ならそれで構いません。私は弔う気持ちや空間や時間を大切にしたいのです。そこにお金を払ってくださいということではなく、一人ひとりの貴重な時間を亡くなった人のために少しでも費やし、共有することに意味があるということです。

もちろん現代人は猛烈に忙しく、たとえ1時間でも他者の都合に合わせるのが難しい場合が多いのは分かります。だから葬儀業者のほうでも、例えばデジタル化を推進するなどして時短に取り組む感覚は必要です。

しかしそれは単に時短がニーズに合うからということではなく、そうやって余計な時間を少しでも省くことで、遺族の皆さんに故人と向き合う時間をつくってほしいという願いのもとにするのです。例えば葬儀の事前の打ち合わせについては、私の会社ではLINEでやっています。実際に遺族に会って打ち合わせをするのは、遺体を引き取ったあとの一度だけです。そのときに私たちスタッフと遺族でLINEグループをつくり、その後の段取りについては全部LINEアプリ上で進めます。

遺影の写真などもLINEグループに送信してもらい、家族同士でどの写真がいいだとか、この写真はピントが合っていて、これでいいとか、やりとりしてもらうのです。料理を決めてもらうのもＬＩＮＥ上です。

　今までは打ち合わせは当然1日では終わらなくて、最低3度は時間をつくってもらって顔を合わせて行っていました。そうなると働いている家族は日程を決めるだけでも大変です。地方なら数日で済みますが、東京では火葬場が込んでいるなどの事情で葬儀まで1週間以上あるので、多くの人が途中で仕事に復帰してしまうのです。そうなると、ますます打ち合わせに割ける時間がなくなります。最後は仕事が終わったあとの夜遅くに疲れた目をこすりながら料理を決めたなどということもありました。

　今はスマートフォン一つで完結するので、セッティングをする私たちとしても、時間を割いていただくうえでずいぶん気持ちが楽になりました。打ち合わせに時間がかからない分、人件費を抑えることもでき、価格の面でも遺族にかかる負担を軽減させることができるようになっています。

　葬儀業者は「手間と時間と祭壇を売ってなんぼ」の商売だとよくいわれます。確かにそういう気持ちも理解できますが、ビジネス以前に弔う気持ちを大事にしないと成り立ちません。霊柩車は貨物自動車運送事業法上は緑ナンバーであり、運ぶ遺体は旅客ではなく荷物ということになります。極論をいえば霊柩運送事業の許可さえ取得すれば、宅配運送業者が遺体を運ぶことも可能なのですが、そうならないのは、亡くなった人に対する弔いの気持ちが世の中のほとんどの人に根源的にあるからです。最期くらいはきちんと霊柩車で火葬場まで運んであげたい、そう思うのは自然なことだと皆が自覚しています。

思えば不思議な職業です。会ったときにはすでに死んでいる人のために仕事をするのです。どんな人で何をしていた人か詳しくは分からないけれど、その人のために24時間態勢で私たちは稼働します。故人の遺体を前にした最後の1時間は、霊安室の片隅で黒子として家族の会話を聞きます。あんなこともあったけれど、こんなこともしてくれたよね――そういう話をかたわらで聞いて、最後にありがとうと言われたときに、明日も頑張ろうという気持ちになれます。

私はただ遺体処理に必要な手続きをこなすだけの業者にはなりたくないといつも思っています。私が関わった人たちが、火葬が終わって日常生活に戻ったあと、セレモニーや弔いを行ったことでより良く生きるきっかけをつかんでもらえれば望外の喜びです。

葬儀業は究極の非日常体験を売る、とても価値のある仕事である

私がかつて帝国ホテルのメインバーで働いていたとき、バーではお酒を売っていたという認識はありませんでした。私たちが売っていたのは体験です。帝国ホテルのメインバーのカウンターに座って飲んだという体験が、その人にとって新たな価値を生むのです。

葬儀も本来はプランを売るのではなく、体験を売る仕事であるべきです。葬儀という体験を買ってもらい、その体験を通して、より良く生きてくださいというメッセージを遺族に伝えたいのです。直葬は体験をしないで終わってしまうので、私たちの存在意味はなくなってしまいます。その人たちの人生に何の影響も与えません。葬儀という体験をすることで、考え方が少し変わったり、視野が少しでも広がったりしたら、それだけで十分価値があるはずです。究極の非日常体験ともいえる葬儀にはそれだけの力があると私は信じています。

葬儀にはさまざまな体験を提供できる可能性があります。葬儀を行うには、法律や常識、

社会通念などハードルが多いと思われがちですが、案外緩いものです。例えば葬儀を行える場所は、葬儀場だけと決まっているわけではありません。もちろん許諾などが必要な場合はありますが、実はどこで行っても構わないのです。

例えば安倍晋三元首相の国葬は日本武道館で実施されましたし、海外の事例ですがサーファーの葬儀を海で行ったという話を聞いたこともあります。道路の使用許可があれば路上で行うことも可能です。学校や幼稚園の敷地内でもできますし、自宅葬についても以前は頻繁に行われていました。

埋葬方法については法律で定められており、どこにでも遺骨をばらまいてよいわけではありませんが、葬儀自体はかなり自由度が高いのです。

問題は費用と遺体の保存処理です。費用はさておき、遺体を長期的に保管しておくための技術は年々進歩しています。技術的には半永久的といえます。ロシアの歴史的指導者レーニンは没後エンバーミングが施され、100年近く経った今でも生前とさほど変わらぬ姿をとどめています。

最近の一般的なエンバーミング技術では優に2、3年は保存できます。ただし、幼くして亡くした子どもを火葬にはしたくないから、ずっと家に置いておきたいとエンバーミングを行うのは、その子の親にとって良いことなのかどうかは疑問です。

やはり、どこかでけじめはつけなければなりません。そのため、私としては遅くとも四十九日をめどに火葬をするように促しています。日本のエンバーミング業者の団体である一般社団法人日本遺体衛生保全協会（ＩＦＳＡ）でも、四十九日の慣習等を考慮し、自主基準で50日以内と制限をつけています。

幸福度を上げるもの

少子高齢化が進むことによる葬儀の簡略化、小規模化の波にはどうやっても抗《あらが》えませんから、そのなかでどのような葬儀がこれから求められていくのかを考え、追求する必要があります。ヒントとなるのは生前の価値観です。人は何に幸せを求めるようになるのか、生きる意味や生きがいを改めて見つめることで、その裏返しとして、葬儀の形も決まってくるのだと思います。

これについては私が答えを出すということではなく、ぜひ世間一般の人に聞きたいです。人生の豊かさや幸せはどうやったら手に入れることができるのか、時短とかタイムパフォーマンスによって満足度や幸福度も上がるのか、お金を稼げば稼ぐだけ満たされるのかについてです。

私は幸せの尺度を決めるのは情緒の豊かさだと思っています。情緒とは喜怒哀楽の感情のことです。これは、物を買ってうれしいといった短絡的な感情とは違うものです。例えば、自分は周りにどれだけ助けられているのか、自分はこんなにも味方がいるのだといったことを確信できたときの心強さや安らぎこそが本当の幸福度を高めてくれると思うのです。

今は世の中に優しさがありません。ＳＮＳを見ていてもお互いに叩き合ったり罵り合ったりしているばかりで、正直うんざりしています。しかし、そういう人たちばかりではないことも私は知っています。周りに目を向ければ、もっと温かい目で見てくれている人が必ずいます。そういう手を伸ばせば触れることができる身近な人たちを大切にすべきです。

だから、私たちはリアルではむしろ閉鎖的になってもいいと思っています。仲の良い人たちで集まって、きちんと自分の生活の安全地帯を築くのです。葬儀もその人たちでやってあげればいいのです。

今は家族葬が主流になっています。しかし、いつか家族とも疎遠になって、家族葬自体が成立しない時代がやって来ます。そうなったとき、家族がしないから葬式は不要だとするのではなく、友達同士で葬儀をするようになればいいのです。自分の親が亡くなったとき、葬儀に集うような身内がいないからといって寂しく一人で見送るのではなく、これから自分の人生で力になってくれそうな友人2、3人に頼んで、その人たちに一緒に弔ってもらうのもとても意味のあることです。「母親とはこういうことがあって、親戚とも疎遠だけど、これから私は皆と一緒に歩んでいきたいし、いろいろ力を借りたいから、ぜひ一緒に送ってほしい」と言われて迷惑だと言う親友はいません。むしろ頼りにされてうれしいと思うはずです。

そういう葬儀があってもよいのです。終わったあと、その人の人生はきっと豊かになります。会ったこともない母親を一緒に見送ってくれる友達がいるという心強さは、その後の人生で前を向いて歩く原動力になります。葬儀はこれから生きていく人のためのものであり、その形は人の数だけあるのだと思います。

葬儀でコミュニティを再確認する

今の世の中は、インターネットのような大き過ぎて実像を感じられない世界と、個人や家族といった最小単位の生身の世界とに二極化していると思います。その流れはコロナ禍を経てますます加速しました。

行動自粛やリモートで外に出なくなった結果、親戚や近所、職場の同僚や、学校の友人など、中間に位置するコミュニティが失われつつあります。新型コロナウイルス感染症の拡大と同時期に大学に入学した若者は、一度もリアルで学友と会うことなく、家の中でキャンパスライフを送りました。

そうした状況はパンデミック解消と同時に収束していくとは思いますが、その後も大きな流れとしてはそちらに向かっていくはずです。考えてみれば、コロナ前から友達との交流は主にSNSを通じて行われていましたし、マッチングアプリで恋人を見つけるのは当たり前になっていました。一歩も部屋から出ることなく何十年も暮らしている人はたくさんいます。良いか悪いかは別として、そういう生活が可能なのです。

しかし、人間には身近な人とのつながりが必要です。ネット上の仲間でも家族でもない第三の存在ともいえる人たちの大切さに気づき、関係性を築く場が失われるのは社会を貧しくすると思います。昔から、コミュニティを中心に執り行われてきた冠婚葬祭はその機能を果たすものでしたし、今も必要性がなくなったわけではありません。

そのなかでも、葬儀は避け難いものの一つです。人の不幸は突然起こるものであり、不可抗力であるともいえます。遺された人たちは強制的に弔いの空間に放り込まれ、その立場になることで否応なしに考えさせられるものです。誰を葬式に呼んで誰を呼ばないのか、助けてほしいと声を掛けるべきは誰か、コミュニティというものについて考える良い機会になるのです。こういうとき、親戚であれ近所の人であれ、あるいは友人であれ、いざというときに頼れる関係性があるかどうかということが大切なのです。

もちろん、誰でもいいわけではありません。今時であれば、ネットで募れば知らない人たちが集まってくれることもありそうですが、それが自分自身をきちんと助けてくれる人たちかどうかを考えると、コミュニティというものの本当の意味や存在意義が見えてくるはずです。

その意味で、今こそ近い将来起こり得る自分の身の回りの葬儀について考えを巡らし、自分のコミュニティを再確認しておくべきです。その人は困ったときに手伝ってくれる人だろうか、今後も自分の人生に関わってくれるだろうかと、誰かが亡くなる前に整理しておくのです。生きるための関係構築の場づくりこそが、コロナ禍後の葬儀のニューノーマルだと私は思います。

葬儀は誰のためのもの？

喪主や遺族のなかには、故人の友人のグリーフケアも大事だと考え、趣味の仲間を熱心に呼ぼうとする方がいます。しかし、私はそれには違和感を覚えます。もちろん相手が故人をしのんでぜひ参列したいという気持ちでいるなら構いませんが、実際にどれほど親密な関係だったのか知らないような人たちを集めるために、遺族が自分の悲嘆回復を後回しにして必死で連絡先をかき集めるというのは、あまり意味のあることだとは思えません。もっとも、それで数百人もの人たちが駆けつけてくれたなら、遺族としては故人の人望を誇らしく感じ、自己肯定感にプラスになるとは思いますが、やはり遺族には自身の負担を第一に考えてほしいものです。

まして、故人の趣味の仲間となると、連絡先を手に入れるのも簡単ではありません。もちろん故人のスマートフォンを調べればひととおりの情報は入っていると思いますし、それができるサービスもありますが、そこまでやるべきなのかどうか疑問です。私が故人ならばスマートフォンはそのまま処分してほしいと思います。たとえ妻であろうと子どもであろうと勝手にロックを解除してデータを見てほしくはありません。

故人が大切にしまっていた自分だけの情報を、まさに墓場までもっていくのは故人の権利です。ですから、生前に互いに取り決めておいてこの人は呼んでくれと連絡先を渡されているようなケース以外では、故人の交友関係を無理にあさってまで呼ぶ必要はないと思います。

結局、遺された人のためになる人を呼べばいいというだけのことなのです。言い方は冷たいですが、その交友関係が自分につながってこの先の力になるということがないのであれば、必要ないのです。もちろん、故人しか知らない友人のなかにも、その後人生を通して熱心に遺族の力になってくれる人もいるかもしれませんが、それくらいの相手であればとっくに家族に紹介されていると思います。実際のところ、弔いを家族だけで行う葬儀が増え続けているという事実が、故人の交友関係を優先するメリットがあまりないことを物語っています。

葬儀は遺された人のためのものです。さらに言えば、故人がいくらこのような葬儀をやってほしいと願い、遺言までしたとしても、実際にやるかどうかは遺された人たち次第なのです。

例えば、がんで余命宣告された夫が、妻に大変だから葬儀はやらないで火葬だけでいいと言い残したとしても、妻や子が納得しなければ葬儀をすると思います。逆に顔が広く派手好きな人で、葬儀は大掛かりにしてほしいと本人が願っていたとしても、遺された人がその負担に耐えられないのであれば、やるべきではないのです。葬儀とはそういうものです。だから葬儀は社会、ひいては人間を映し出す鏡だといえるのです。

未来のために今、社会に訴えたいこと

2023年5月8日に新型コロナウイルス感染症は感染症法の2類から5類に分類されました。同年7月の段階で、早くも第9波到来かと報道されていますので、完全にパンデミックが収束したとはとてもいえませんが、街からマスク姿の人はほとんど消え、コロナ禍前の日常の風景に戻りつつあります。

しかしそのうえで、私は社会や行政に対して願いがあります。それは、もし再びコロナ禍のような不測の事態が起こったとしても、これまで人類が何千年と培ってきた人を弔うこと、故人に花を手向ける機会を奪わないでほしいということです。今回、私たちはその機会を奪われました。

政府や国はそんなことはしていないといっても、志村さんの直葬をメディアがセンセーショナルに放映し、コロナで亡くなった人はこうするのだと国民に植え付けたイメージをひっくり返せる唯一の立場だったのに、そうしなかった責任は重いといえます。葬儀をやっ

てもいいのだと大々的に言える立場の国や行政の人間がスルーしたがために、そうしなくてもいいという既成事実が定着してしまったのです。

その結果、故人に花を手向けたくても、弔いたくても、できない人が大勢生まれてしまいました。特にコロナ禍においてはほとんどの医療施設や介護施設が面会謝絶となりました。それは施設内でクラスターを発生させないため、生きている人間を守るためですから、仕方ないと私も思います。

しかし、そのために何年も面会できないまま、今生の別れを迎えた家族が大勢います。そうした家族にとって、火葬までのわずかな時間が最後の頼みの綱だったはずです。それなのに、国や社会、そして私たち葬儀業界は貴重な機会を奪ってしまったわけです。科学的根拠に基づかない防護服で恐怖を与え、遺族は故人にいっさい触れることも許されないというのでは、そこに何の救済があるのかと疑問に思います。

コロナ葬を行っていた私たちのところにたどり着いた遺族はごく一部です。その背後にはたくさんの葬儀難民がいたはずです。そうした人々には、故人とのお別れをさせてあげられなかったことが本当に悔やまれます。葬儀業界の一端を担う身として、本当に申し訳なかったと思います。

東日本大震災に匹敵するような災害が二度と起こらないとは限りません。それどころか、南海トラフ地震発生は間近だともいわれています。その津波による死者は、最悪の場合東日本大震災の10倍以上、およそ23万人と推定されています。そうなったら、亡くなった人を弔うどころの話ではありません。東日本大震災のときもそうでしたが、遺体が見つかればいいほうで、見つかったとしてもきちんとした埋葬などできず、校庭などに仮埋葬しておくしかないという話にまたなると思います。

それは、私が葬儀業界にいるこれから10年、20年、30年の間にきっと起こり、私は葬儀業者としてそこに携わることになるはずだと考えておかねばなりません。もしそうなれば、サービス要員ではなく保安要員として駆り出されて、どんどん遺体を引き渡されて、何体引き取れるか、といった話になると思います。もはや遺体は物のように扱われ、家族の気持ちは関係ないという状況に置かれるのは容易に想像できます。

2023年2月に起きたトルコ地震も大きな被害をもたらしました。建物がパンケーキのように倒れて積み重なり、中に人がいるのに助けられないと泣き叫ぶ男性の姿が日本でもテレビニュースで報道されました。そこに人が埋まっているのに、助けることもできない……埋まっているのが自分の子どもだったり母親だったりしたら、その苦しみと悲しみは想像を絶するものがあります。遺体が見つからなければ、無力感にさいなまされる状態がずっと続くのです。

そのとき、初めて知るのです。弔うことの大切さに。弔えることの幸福に。

そのときが来たら、悲嘆の回復どうのこうのと言っていられません。今を必死に、明日何を食べるのかを考えて生きるしかない。お父さんお母さんがどうなっているか、そんなことはどうでもいい話になる。まさにカオスです。

だから、今看取れる人や弔える人は、きちんと弔っていきたいのです。コロナは天災とは違ってまだ人間がコントロールできる余地がありました。だからこそ、もっときちんとできたのではないかという悔しさが残ります。

今の私たちの状況は幸せなのです。コロナが解除されて葬送に関して以前と変わらなくなった今がいちばん幸せであり、葬儀のやり方も思いどおり、望むとおりにできるのです。

どんな形であっても、今、弔う時間を大切にしてほしいと思います。いつか弔えなくなるときのために、ただただ涙を流して悲しみが癒えるのを待つしかない日のために、人を悼み、弔う気持ちを大切にしてつないでいくことは、何よりも大切な営みだと思います。葬式とは未来をより良く生きるためのものなのです。

おわりに

今、この「おわりに」を書いているのは、2023年7月初旬です。新型コロナウイルス感染症が2類から5類相当に格下げされてから、ちょうど2カ月になろうとしています。7月5日には、日本医師会の釜萢《かまやち》 敏《さとし》常任理事が記者会見で、新型コロナウイルスの感染が沖縄県で急拡大していることなどを踏まえ、「現状は第9波と判断することが妥当」と指摘しました。しかし、その様子をテレビのニュースで見ていても、どこか遠い昔のような気がしてなりません。街を見渡せば、連日気温30度超えの真夏日を記録していることもあり、マスク姿の人はほとんどいません。コロナ禍は終わった、そう思っている人も多いと思います。

実際、感染者数に関するグラフを見ても、2023年の初めにかけての第8波と比べると、波が小さくなったのは一目瞭然です。もう過ぎたことなのだ、という思いが一瞬脳裏をよぎります。

1医療機関あたり平均患者数（全国）

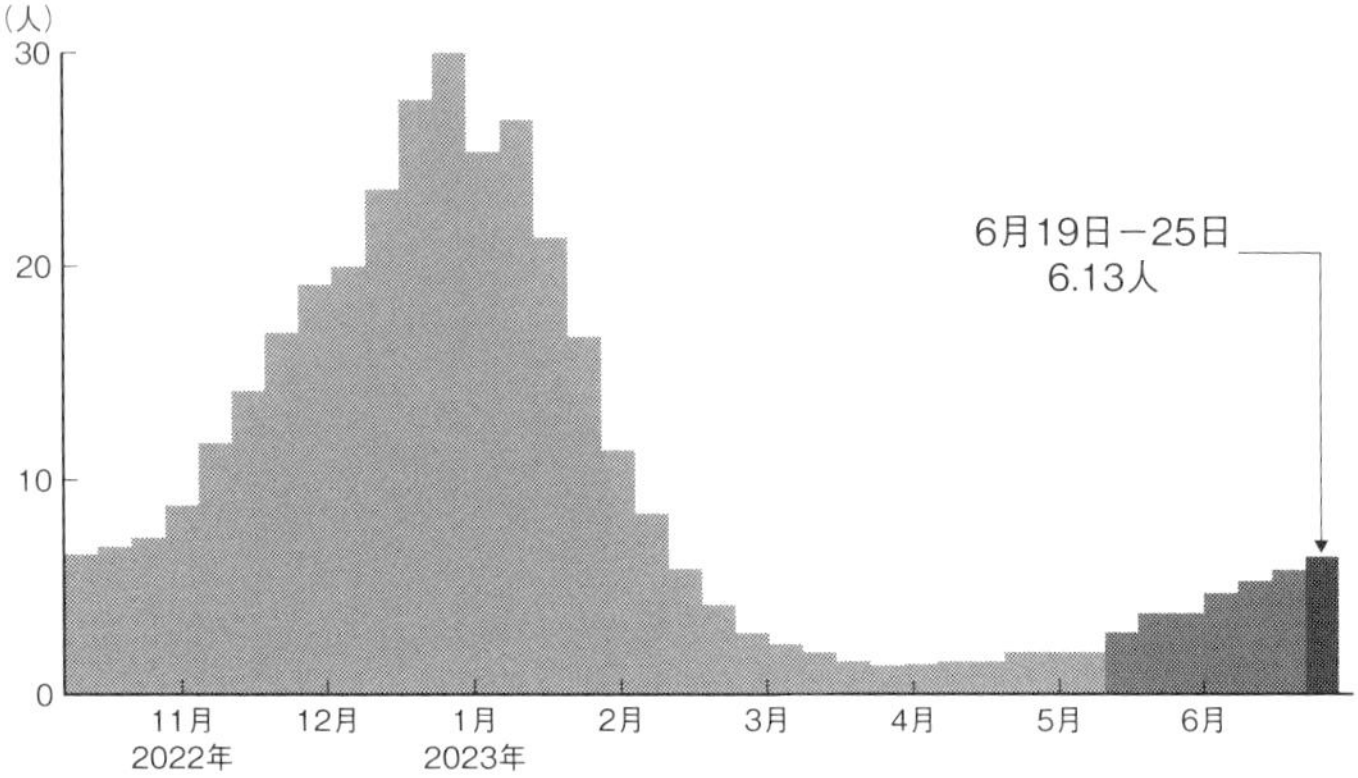

5月7日以前：過去の報告をもとに集計した参考値　出典 厚生労働省
5月8日以降：出典 国立感染症研究所HP 最新値のみ厚生労働省の速報値

国内の死者数（累計）

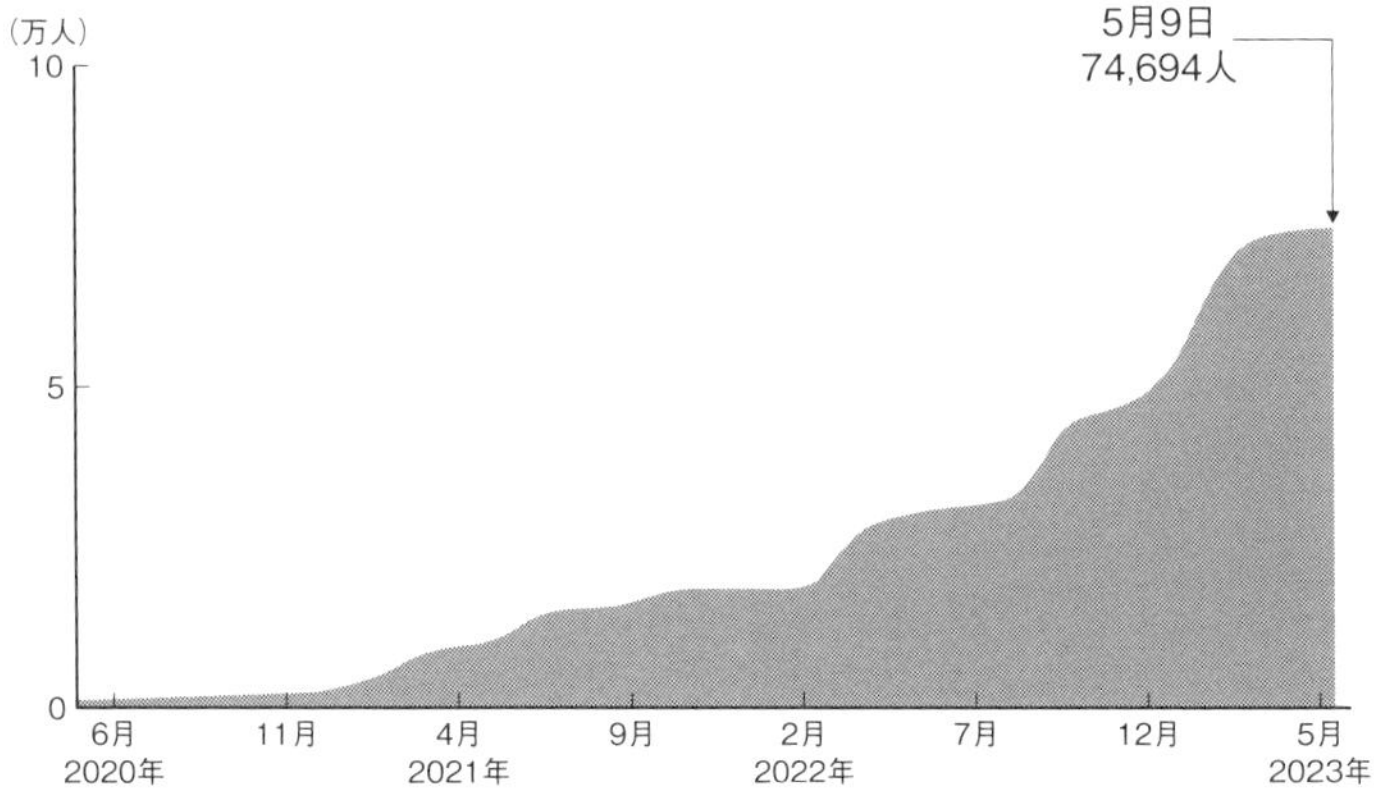

厚生労働省まとめ　5月9日までの情報を表示
NHKのデータを基に作成
※2023年5月8日で全数検査が終了したため、2022年10月から2023年5月7日までの「第8波」を含む感染状況のデータを、「定点把握」で集計し直し、2023年5月8日以降の最新の「定点把握」の数値を、便宜的に同じ画面内に連続して表示したもの。

しかし、国内のコロナ感染による累計死者数のグラフを見て愕然としました。これは5月9日のものにはなりますが、2020年6月から亡くなった人の数を積み上げたものです。つまり、これだけの数の人がこれまでに亡くなっているのです。グラフの形が、まるでうずたかく積み上げられた屍《しかばね》の山のように見えました。そしておそらくその大半が、まともな葬儀をされていないのです。

一方で、2021年の後半ぐらいから「弔い不足」に悩む人による「弔い直し」が増えているという新聞記事を目にするようになりました。しかし、葬儀業者の立場でいうと、それはまれなケースです。多くの人が、弔いが不足しているということに気づくこともなく、どこか釈然としないモヤモヤした気持ちを抱えたまま、日々生活しています。そしてそれは、これからの長い人生でずっと続くのです。

本書は、2020年2月のクルーズ船入港から、2023年5月の事実上のコロナ収束までの約3年間を、東京西部の一葬儀業者の視点でつづったものです。

第1章は「奪われた葬儀」と題して、社会が葬儀をやってはいけないと市民に半ば強制をした事実を明らかにしました。

第2章の「最期のお別れだけはさせてあげたい」は、強制させられたことに対する遺族の思いに対して、私が葬儀業者の副社長としてどのように応えてきたかを時系列に沿って紹介しました。

第3章「増える一方のコロナ感染死と葬儀のニーズ」は、私のなかでは「反発」というキーワードで表現できます。まず強制的に葬儀が奪われた、それに対してアンチの思いやニーズに私たちが応えた、その結果として私のなかに「反発」が生まれ、独立という形を取った。つまり、客の声に応えたのはいいけれど、それに対する社内や関係者、社会の反発が根強かったため、もっと自由にやるために自ら会社を立ち上げたという流れです。

第4章「人は誰でも人間らしい葬儀を受ける権利がある」では、当時の日本社会におけるコロナ対応が、果たして良かったのか悪かったのかを検証しました。葬儀はさせない、集まってはいけないという風潮にさせたのは明らかに社会です。業界全体のアンチテーゼというよりも、業界が日本社会全体の流れに飲み込まれていった悲劇を浮き彫りにしました。

そして第5章の「葬儀は社会を映し出す鏡」においては、根本的な社会課題を解決していかないと、自然災害やコロナ感染などの災厄がまた起きたときに、再び葬儀がしたくてもできない人が出てくるのではないかという懸念を訴えました。今後高齢化率が高まり、少子化に伴って弔う人間が少なくなり、若い人への社会的な負担が増え、葬儀も同じように小規模化していくのは仕方ないとしても、人を弔う行為は紀元前から続く人類の伝統文化、風習であり、今を生きる人たちがより良く生きるための行為を執り行うのは私たちの責務であって、これからもそこに邁進《まいしん》するのだという決意表明も盛り込みました。

つまり私がこの本で言いたいのは、葬儀をするのは今生きている人たちがより良く生きていくためで、それは大きくなくても、お金をかけなくてもよくて、ただ弔う機会をもつこと、それが大切なのだということです。そして、そうした機会を社会や世間が二度と奪うことがないような世界をこれからつくっていきたいということです。

誇大妄想と思われるかもしれませんが、私は本気です。だからこそ、同じ過ちを犯さないよう、コロナ禍の騒動の陰で泣く泣く火葬だけで弔うことを選んだ人たちの悲哀や、そのなかでもなんとか自分らしい葬儀を敢行した人たちのエピソードを、可能な限り克明に記したつもりです。

あの混乱の最中、私を見つけだし、連絡をしてくれたことに心から感謝します。そういう人々がいなければ、私は今、葬援という会社を東京・日野を拠点に経営していることはないでしょう。私もコロナで人生を変えられた一人かもしれません。

コロナ禍とは何だったのか――改めて振り返ってみると、日本社会のさまざまなひずみが図らずも浮き彫りになった3年間だったと思います。長い行動自粛のおかげで、人々の働き方や暮らし方、生き方は大きく様変わりしました。それが良い方向に行くのかどうかは分かりませんが、人は変わらずには生きていけません。葬儀業界も変わらなければ生き残ってはいけないのです。明日の世界が今日より少しでも幸せな世界でありますよう、祈りながら筆をおこうと思います。

2023年7月吉日　東京・日野にて

株式会社葬援　代表取締役社長
荻島祐輝

荻島 祐輝（おぎしま・ゆうき）

株式会社葬援 代表取締役社長
1978年東京都生まれ。2000年に株式会社帝国ホテルに入社、メインバー「オールド・インペリアル・バー」に勤務。2007年9月に社内表彰で優秀賞を受賞。2007年にクローン病に罹患したことをきっかけに精神衛生・心理学に興味をもち、聖徳大学人文学部心理学科に入学、2013年卒業。グリーフケアの実践と葬祭業への関心が芽生える。同年に帝国ホテルを退社し、株式会社三和式典に入社。2016年には小金井祭典に入社し子会社の立て直しに尽力、2019年、株式会社三和式典に取締役副社長として再入社。2021年、コロナ禍を契機に独立を決意し、株式会社葬援を設立。代表取締役社長に就任し現在に至る。
厚生労働省認定 1級葬祭ディレクター/遺体感染管理士2種/公益社団法人 日本心理学会認定 認定心理士/一般社団法人終活カウンセラー協会認定 終活カウンセラー

本書についての
ご意見・ご感想はコチラ

コロナに奪われた葬儀
社会の常識を疑い孤軍奮闘した葬儀マンの700日

2023年11月27日　第1刷発行

著　者　　荻島祐輝
発行人　　久保田貴幸

発行元　　株式会社 幻冬舎メディアコンサルティング
〒151-0051　東京都渋谷区千駄ヶ谷4-9-7
電話　03-5411-6440（編集）

発売元　　株式会社 幻冬舎
〒151-0051　東京都渋谷区千駄ヶ谷4-9-7
電話　03-5411-6222（営業）

印刷・製本　中央精版印刷株式会社
装　丁　　立石 愛

検印廃止

ISBN 978-4-344-94729-0 C0036
幻冬舎メディアコンサルティングＨＰ
https://www.gentosha-mc.com/